U0133907

岁时广记

下

〔宋〕陈元靓 撰 ｜ 许逸民 点校

中华书局

岁时广记

卷 十九

上 巳 下

观御札

王明清挥麈馀录云："某顷于蔡微处,得观祐陵与蔡元长赓歌一轴,皆真迹也。上巳日赐太师云:'金明春色正芳妍,修禊佳辰集众贤。久矣愆阳罹暵旱,沛然膏雨润农田。乘时剩插花盈帽①,胥乐何辞酒满船。所赖燮调功有自,伫期高廪报丰年。'微,元长之孙也。"

①乘时剩插花盈帽:"剩插",挥麈录馀话卷一作"剩挟"。

谶状元

夷坚乙志:"福州福清县太平乡修仁里石竹山,俗曰虾蟆山,去邑十五里。乾道二年三月三日夜半后,居民郑周延等,咸闻山上有声如震雷,移时方止。或见门外天星光明,迹其声势,在瑞云院石竹山上。明旦,相与视之,山顶之东南有大石,方可九丈,飞落半腰间。所过成蹊,阔皆四尺,而山之木石,略无所损。县士李槐云:'山下旧有碑,刊襄山妙应师谶语,顷因大水碑失,今复在县桥下。其语曰:"天宝石移,状元来期。龙爪花红,状元西东。"'邑境有石陂,唐天宝中所筑,目曰天宝陂,距石竹山财十里。是月,集英廷试多士,永福人萧国梁魁天下。永福在福清之西,闽人以为应谶矣。又三年,兴化郑侨继之,正在福清之东。状元西东之语,无一不验云。"

会群臣

大业拾遗:"隋炀帝敕学士杜宝修水饰图经十五卷,新成,以三月上巳日会群臣于曲水,以观水饰。有神龟负卦、黄龙负图、元龟衔符[1]、大鲈衔箓、凤鸟降洛、丹龟衔书、凤皇负图、赤龙载图、龙马衔文、尧舜游河、尧见四子、舜渔雷泽、舜陶河滨、龙鱼符玺、舜歌鱼跃、人鱼捧图、龙尾导水、禹疏九河、黄龙负舟、授山海经、遇两神女、鱼化黑玉、姜嫄履巨迹、后稷弃寒冰、文王鱼跃沼、太子发渡河、武王渡孟津、成王举舜礼、穆天子奏钧天乐、西王母过瑶池、涂修国献青凤、王子晋吹凤笙、秦始皇见海神、汉高祖隐芒砀、汉武帝泛楼船、洛水神献明珠、汉桓帝值青牛、曹瞒浴谯水、魏文帝兴师、杜预造河桥、晋文帝临会、五马浮渡江一马化为龙、仙人酌醴泉、金人乘金船、苍龟衔书、青龙负书、吕望钓磻溪、楚王得萍实、秦王宴河曲、吴帝临钓台、刘备渡檀溪、淄丘诉战水神、澹台子羽两龙夹舟、屈原遇渔父、卞随投颍水、秋胡妻赴水、阳谷女浴日、屈原沉汨罗、简子值津吏女、孔子值浴河女子、周处斩蛟、许由洗耳、孔愉放龟、庄惠观鱼、郑弘樵径还风、赵炳张盖过江、巨灵开山、长鲸吞舟，若此等总七十二势，皆刻木为人，或乘舟，或乘山，或乘平洲，或乘盘石，或乘宫殿。木人长二尺许，衣以绮罗，装以金碧，及作禽兽鱼鸟，皆能运动如生，随曲水而行，水中安机，如斯之妙，皆出黄衮之思，巧性今古罕俦。"

①元龟衔符："元龟"即"玄龟"，盖避赵圣祖玄朗讳改。按，太平广记卷二二六"水饰图经"条引大业拾遗记正作"玄龟"。

避车驾

集异记："天宝末，崔圆在益州。暮春上巳，与宾客将校数十百人，具舟楫游于江，都人纵观如堵。是日，风色恬和，波流静谧。初宴作乐，宾从肃然。忽闻下流十数里，丝竹竞奏，笑语喧然，风水传送如咫尺。须臾渐近，楼船百艘，塞江而至，皆以锦绣为帆，金玉饰舟，旄纛盖伞，旌旗戈戟，缤纷照耀。中有朱紫十数人，绮罗妓女凡百，饮酒奏乐方酣。他舟则列从官武士五六千人，持兵戒严，溯沿中流，良久而过。圆即令询问，随行数里，近舟，舟中方言曰：'天子将幸巳敛①，蜀中诸望神祇，迁移避驾，幸无深怪。'圆骇愕，因罢会。时朝廷无事，自此先为具备②。明岁南狩，圆应办卒无所阙。"

①天子将幸巳敛："巳敛"，太平广记卷三〇三"崔圆"条引集异记作"巴剑"，此误。

②自此先为具备:"具",同上书作"其",此误。

降真圣

玄天大圣本传经:"昔大罗境上无欲天宫净乐国王善胜皇后,夜梦吞日,觉乃怀孕。其母气不纳邪,日常行道。既经二十四载,仍及八千馀辰,于开皇元年三月三日申时降诞,相貌殊伦。后既长成,玉皇有诏封为玄武,镇于北方,显迹之因,自此始也。"

遇仙道

续神仙传:"王可交,苏州华亭人也。以耕钓自业,居于松江南赵屯村。一旦,棹渔舟高歌入江。行数里间,忽见一彩舫,漾于中流,有道士七人,皆玉冠霞帔,服色各异,侍卫皆鬌角云鬟。一人呼可交姓名,方惊异,不觉渔舟已近舫侧。一道士令引可交上舫,见七人之前,各有杯盘,可交立于筵末。一人曰:'好骨相,合有仙分。生于凡贱间,已炙破矣。可与酒喫。'侍者泻酒,再三不出。道士曰:'酒乃灵物,若得入口,当换骨也。泻之不出,亦命分也。但与栗喫。'俄一人于筵上取二栗,与可交,令便喫。视之,其栗有赤光,如枣,长二寸许,啮之有核,肉脆而甘。久之,食尽。一人曰:'王可交已见之矣,可令去。'觅所乘渔舟,不见。道士曰:'不必渔舟,但合眼自到。'于是合眼,似行非行,所闻若风水林木浩浩之声。及开眼,但见峰峦重叠,松柏参天,坐于石上。俄顷,采樵者并僧十馀人来,问可交何人,具以前事对。又问何日离家,可交曰:'今日早离家。'又问：'今日是何日？'对是三月三日。樵者与僧惊异，今日九月九日矣。<u>可交</u>问地何所，僧曰：'此是<u>天台瀑布寺</u>前。'又问此去<u>华亭</u>多少地，僧曰：'水陆千馀里。'<u>可交</u>自讶不已。僧邀归寺，设食，<u>可交</u>但言饱，不喜闻食气，唯饮水耳。<u>可交</u>食栗之后，已绝谷，动静若有神助。不复耕钓，归挈妻子住<u>四明山</u>。居十馀年，复出<u>明州</u>货药，里巷皆言'王仙人药'，图其形像，可避邪魅。后三十年，再入<u>四明山</u>，不复出，亦时有见之者。"

获狐书

<u>乾膜子</u>："<u>唐神龙</u>中，<u>庐江何让之</u>①，上巳日，将陟<u>老君庙</u>，瞰<u>洛中</u>游春冠盖。庙之东北二百馀步，有大丘三四，时亦号<u>后汉诸陵</u>，故<u>张孟阳</u>七哀诗云：'<u>恭文</u>遥相望，<u>原陵</u>郁膴膴。'<u>原陵</u>即<u>光武陵</u>。又一陵上有柏枝数株，其下盘土，可容数人坐。见一翁，婆貌异常辈②，眉须皓然，着實幪巾，襦袴，帻乌纱，抱膝南望，吟曰：'野田荆棘春，闺阁绮罗新。出没头上日，生死眼中人。欲知我家在何处，北邙松柏正为邻。'俄有一贵戚，金翠舆车，如花之妓数十③，连袂笑乐而出<u>徽安门</u>。<u>让之</u>正方叹栖迟，独行踽踽，翁忽又吟曰：'<u>洛阳</u>女儿多，无奈狐翁老去何！'<u>让之</u>讶翁非人，遽前执之。翁倏然跃入丘中，<u>让之</u>从焉。初入丘暝黑，久辨其隧，翁已复本形矣，遽见一狐跳出，尾有火，复如流星。<u>让之</u>出元堂外④，见一几，上有朱盏笔砚之属，又一帖文书⑤，纸尽灰色，文字不可晓解，略记可辨者，其一云：'正色鸿焘，神思化伐。穹施后承，光负玄设。呕沦吐萌，琅倪斯截。迷昒郗曲，霦音朦。露乙林切。霾曀入声。雀毁龟水，健驰御屈。

拿尾研动，袾袾唶唶。溜用秘功，以岭以穴。拖薪伐药，莽橙万苗。顺律则祥，佛伦惟萨。牡虚无有，颐咽蕊屑。肇素未来，晦明兴灭。'其二辞曰：'五行七曜，成此闰馀。上帝降灵，岁旦涅徐。蛇蜕其皮，吾亦神摅。九九六六，束身天除。可以充喉，吐纳太虚。何以蔽踝，霞袂云祒。哀尔浮生，栉比荒墟。吾复颢气，还形之初。在帝左右，道济忽诸。'题云'应天狐超异秘策八道'⑥，后文甚繁，难以详载。<u>让之</u>获此书帖，怀以出穴。后数日，水北<u>同德寺</u>僧<u>志静</u>来访<u>让之</u>，说云：'前者所获丘中文书，非郎子所用⑦，留之不祥。前人近捷上界之科⑧，可以祸福中国。其人已备三百缣，欲购赎此书，如何？'<u>让之</u>许诺。<u>志静</u>明日挈三百缣送<u>让之</u>，<u>让之</u>领讫，遂绝<u>志静</u>，言其书为往还所借，更一两日当征之，便可归。后<u>志静</u>来，<u>让之</u>悉讳云：'殊无此事，兼不曾有此文书。'<u>志静</u>无言而退。经月馀，<u>让之</u>先有弟在<u>东吴</u>，别已逾年，一旦，其弟且至焉。<u>让之</u>话家私中外，因言一月前曾获野狐之文书，今见存焉。其弟固不信，<u>让之</u>揭箧，取书帖示弟，弟捧而读之，掷于<u>让之</u>前，化为一狐矣。未几，遽有敕捕内库被人盗贡绢三百匹，寻踪及此。俄又吏掩至，直挈<u>让之</u>囊揭焉，果获同类缣，已费数十匹，执<u>让之</u>付法。<u>让之</u>不能雪，卒毙枯木。"

①何让之：<u>太平广记</u>卷四四八"何让之"条引<u>乾膜子</u>句后有"赴<u>洛</u>"二字。

②见一翁婆貌异常辈：同上书作"见一翁，姿貌有异常辈"，此误。

③如花之妓数十："妓"，同上书作"婢"，此误。

④让之出元堂外："元"，盖<u>宋</u>人避讳改"玄"为"元"。

⑤又一帖文书："又",同上书作"有",此误。下同。

⑥应天狐超异秘策八道："秘",同上书作"科"。下云"其人近捷上界之科",作"科"近是。

⑦非郎子所用："郎子",同上书作"郎君",此误。

⑧前人近捷上界之科："前",同上书作"其",此误。

感前定

前定录："天宝十四年①,李泌三月三自洛乘驴归别墅。路旁有朱门,而驴径入,不可制,其家人各将出。泌因相问,遂并入宅。邀泌入,既坐,又见妻子悉罗拜,泌莫测之,疑是妖魅。问其姓氏,答曰:'窦廷芬。'且请宿,泌甚惧之。廷芬曰:'中桥有筮者胡芦生,神之久矣。昨因筮告某曰:"不出三年,当有赤族之祸,须觅黄中君方免。"问如何觅黄中君,曰:"问鬼谷子。"又问:"安得鬼谷子?"言公姓名是也。"宜三月三日,全家出城觅之。不见,必籍死无疑。若见,但举家悉出哀祈,必免矣。"适全家出访觅,而偶遇公,乃天济其举族命也。'供待备至。凡十馀日,方得归。自此献遗不绝。及禄山乱,肃宗收西京,将还秦,收陕府,获刺史窦廷芬,肃宗令诛之而籍其家。泌因具其事,且请使人问之,令其手疏验之。肃宗乃遣使,使回,一如泌说。肃宗大惊,遽命赦之。因曰:'天下之事,皆前定矣。'"

①天宝十四年："年",太平广记卷一五〇"李泌"条作"载"。

归艳女

异闻录:"垂拱中,太学进士郑生,晨发铜驼里,乘晓月,渡洛桥。桥下有哭声,甚哀。生下马察之,见一艳女,翳然蒙袂曰:'孤养于兄嫂,嫂恶,苦我,今欲赴水,故留哀须臾。'生曰:'能逐我归否?'应曰:'婢御无悔。'遂载与归所居,号曰氾人。能诵楚词九歌、招魂、九辩之书,亦常拟词赋为怨歌。其词艳丽,世莫有属者,因撰风光词曰:'隆往秀兮昭盛时,播薰绿兮淑华归。顾室荑与处荨兮,潜重房以饰姿。见耀态之韶差兮,蒙长霭以为帷。醉融光兮眇眇弥弥,远千里兮涵烟湄。晨陶陶兮暮熙熙,无婹娜之秋条兮,娉盈盈以披迟。酬游颜兮倡蔓卉,谷流倩电兮发随旎①。'生居贫,氾人尝出轻缯端卖之②,有胡人酬千金。后居岁馀,生将游长安,氾人谓生曰:'我湘中蛟室之姝也,谪而从君。今岁满,无以久留君所。'乃与生诀而去。后十馀年,生兄为岳州刺史,会上巳日,与家徒登岳阳楼,望鄂渚,张宴,乐酣。生愁思,吟曰:'情无限兮荡洋洋,怀佳期兮属三湘。'声未终,有画舻浮漾而来。有彩楼,高百馀尺,其上施帷帐,栏笼画饰。帏褰,有弹弦歌吹者,皆神仙蛾眉,披服烟霞,裾袖③。中有一人起舞,含嚬怨慕,形颜氾人④,舞而歌曰:'溯青春兮江之隅,拖湖波兮袅绿裾。何拳拳兮来舒,非同归兮何如!'舞毕敛袖,翔然凝望。楼中纵观,生方临槛,而波涛崩怒,遂迷所往。"东坡赠人过徐州词云:"秋风南浦送归船,画帘重见水中仙。"

①谷流倩电兮发随旎:"谷",太平广记卷二九八"太学郑生"条引异闻集作"縠",此误。

②氾人尝出轻缯端卖之:同上书"端"前有"一"字。

③裾袖：同上书句后有"皆广尺"三字。

④形颜汜人："颜"，同上书作"类"，此误。

索幽婚

搜神记："卢充，范阳人。家西三十里，有崔少府墓。充冬至日，出宅西猎，射獐中之。獐倒而起，充逐之，不觉远。忽见道北一高门，如府舍，问铃下，对曰：'崔少府宅也。'充进见少府，酒数行，曰：'近得尊府君书，为君索小女为婚，故相迎尔。'崔以书示充，乃亡父手迹，即欷歔无复辞免。便敕内云：'卢郎已来，便可使女庄严①。'至黄昏，内白女郎严竟，崔语充：'可至东廊。'既至，妇已下车，即共拜。为给食三日毕，崔谓充曰：'君可归，生男当以奉还，无相疑。生女当留养。'充到家，母问其故，充悉以对。别后四年，三月三日，充临水戏，忽见傍有犊车，乍沉乍浮，既而上岸。充往开车，见崔氏女与三岁男共载。女抱儿以还充，又与金碗，并赠诗曰：'煌煌灵芝质，光丽何猗猗。华艳当时显，嘉异表神奇。含英未及秀，中夏罹霜萎。荣耀长幽灭，世路永无施。下悟阴阳运，哲人忽来仪②。'充取儿、碗及诗，忽然不见。充后诣市卖碗，崔氏姨识之，语充曰：'昔我姨嫁少府，生女未出而亡。家亲痛之，赠以金碗着棺中。可说得碗本末。'充以事对。赍碗白母，母即令迎充及儿还。诸亲悉集，儿有崔氏之状，又似充貌。儿、碗俱验，姨母曰：'我外生也。'即字温休。长成令器，历郡守，子孙冠盖相承至今。其后植，字斡③，有名天下。"杜诗云："昨日玉鱼蒙葬地，早时金碗出人间。"广异记云："汉天子以玉鱼一双，敛葬楚王戊之太子④。"

①便可使女庄严:"庄严",太平广记卷三一六"卢充"条引搜神记作"妆严",此误。

②哲人忽来仪:同上书此句下尚有"今时一别后,何得重会时"二句。

③字幹:后汉书卷六四卢植传作"字子幹",此误。

④楚王戍之太子:"戍",汉书楚元王传作"戊",此误。

食乌芋

本草:"乌芋,一名水萍。三月三日,采根暴干,主消渴益气。"衍义曰:"乌芋,今人呼为荸荠。皮厚黑肉硬者,谓之猪荸荠。皮薄色白淡紫者,谓之羊荸荠,正、二月人采食之,药罕用。荒岁人多采以充粮,亦以作粉,食之厚人肠胃不饥。服丹石尤宜,以其能解毒。"尔雅谓之芍。

丸黄芩

千金方:"巴郡太守奏加减三黄丸,疗男子五劳七伤,消渴不生肌肉,妇人带下手足寒热者。春三月黄芩四两,大黄三两,黄连四两。夏三月黄芩六两,大黄一两,黄连七两。秋三月黄芩六两,大黄三两,黄连三两。冬三月黄芩三两,大黄五两,黄连二两。三物随时合捣,蜜丸如乌豆大,米饮服五丸,日三。不知稍增七丸,服一月,病愈。久服,走及奔马,近频有验。食禁猪肉。"本草云:"黄芩,一名腐肠,一名空肠,一名黄文,一名妒妇。三月三日采,阴干。"

蓄紫给

本草:"紫给,味咸,主毒风头泄。"注:"一名野葵,生高陵下地。三月三日,采根如乌头。"

干赤举

本草云:"赤举,味甘无毒,主腹痛。一名羊饴,一名陵蝎。生山阴,二月花瓮音铣。蔓草上①,五月实黑,中有核。三月三日,采叶阴干。"

①二月花瓮(音铣)蔓草上:"瓮(音铣)",证类本草卷三〇"赤举"条作"兑(音锐)",此误。

剪白薇

本草:"白薇,无毒,利阴益精,久服利人。一名骨美,一名薇草。近道处处有,根状如牛膝而短,茎俱青,颇类柳叶。三月三日,采根干用。"

粪青瓜

齐民要术:"种瓜,宜在三月三日及戊辰日。"黄鲁直诗云:"春粪辰瓜满百区。"

渍桃花

太清卉木方①："三月三日,收桃花渍酒,服之,好颜色,治百病。"又云:"三月三日,收桃叶晒干为末,井花水调服一钱,治心痛。"本草云:"桃花,令人好颜色,杀疰恶②。味苦平,无毒,除水气,破石淋,利大小便,悦泽人面。三月三日采,阴干。"又云:"三月三日,采花,供丹方所须。"又言"服三树桃花尽,则面色如桃花",人亦无试之者。

①太清卉木方:通志作"太清草木方",此误。通志卷六九艺文略医方类著录:"太清草木方集要三卷,陶隐居撰。"按,隋书经籍志三著录:"太清草木集要二卷,陶隐居撰。"

②杀疰恶:证类本草卷二三"桃花"条句后有"鬼"字。

折楝花

琐碎录:"三月三日,取苦楝花或叶于荐席下,辟蚤虱。"

服芫花

三国志:"魏初平中,有青牛先生常服芫花,年如五六十人,或亲识之,谓其已百馀岁。"图经曰:"芫花,生淮源川谷,今在处有之。春生苗,叶小而尖,似杨枝柳叶,开紫花,颇似紫荆而作穗。三月三日采,阴干,须未成蕊,蒂细小未生叶时收之。叶生花落,即不堪用。"

铺荠花

琐碎录：“淮西人三月三日取荠花，铺灶上及床席下，可辟虫蚁，极验。”

煮苦菜

本草：“苦菜，味苦寒，无毒。久服安心益气，聪察少卧，轻身耐老，耐饥寒，豪气不老。一名荼①，一名游冬，生益州川谷，山陵道傍，凌冬不死。三月三日采，阴干。”陶隐居云②：“取叶作屑煮汁饮，即通夜不睡，煮盐人惟资此饮。交、广人最所重，客来先供，加以香芼音髦。”

①一名荼：证类本草卷二七“苦菜”条“荼”后有“草”字。

②陶隐居云：以下引文乃陶弘景本草集注中引桐君录语，此径称“陶隐居云”，实未确。按，证类本草卷二七“苦菜”条陶注云：“疑此即是今茗。茗，一名荼，又令人不眠，亦凌冬不凋，而嫌其只生益州。益州乃有苦菜，正是苦藚尔。”，“桐君录云：‘又南方有瓜芦木，亦似茗，苦涩，取其叶作屑煮饮汁，即通夜不睡。煮盐人惟资此饮，而交、广最所重，客来先设，乃加以香芼（音髦）辈。’”

制艾叶

本草：“艾叶，能灸百病①。一名冰台，一名医草。生田野，叶背苗短者为佳②。三月三日、五月五日采，曝干，作煎，勿令见风，经久方可用。"又云:"艾实壮阳,助水藏及暖子宫③。"梁简文帝三月三日诗云:"握兰唯是日,采艾亦今朝。"

①能炙百病;"炙",证类本草卷九"艾叶"条作"灸",此误。

②叶背苗短者为佳:"背",同上书引图经作"背白",此误。

③助水藏及暖子宫:同上书引日华子"及"前有"腰膝"二字,疑脱。

摘蔓菁

千金方:"三月三日,摘蔓菁花,阴干末①,空心井水服方寸七②。久服长生明目,可夜读书。"

①阴干末:肘后备急方卷六"末"前有"为"字。按,备急千金要方卷一五"为末"作"治下筛"。

②空心井水服方寸七:"七",同上书作"匕",此误。

种甘草

本草云:"木甘草,主疗痈肿。盛热,煮洗之。生木间。三月,生大叶如蛇状,四四相值,但折枝种之便生。五月,花白,实核赤。三月三日采。"

取羊齿

图经:"羊齿骨及五藏,皆温平而主疾。惟肉性大热,时疾初愈,百日内不可食,食之当复发及令人骨蒸也。"本草云:"羊齿,主小儿羊痫寒热,三月三日取之。"

粉鼠耳

荆楚岁时记:"三月三日,取鼠曲汁,蜜和为粉,谓之龙舌粹,以压时气。山南人呼为香茅,取花杂棒皮染褐[①],至破犹鲜。江西人呼为鼠耳草。日华子云:'鼠曲草,味甘平,无毒。调中益气,止泄除痰,压时气,去热嗽。杂米粉作糗,食之甜美。生平岗热地[②],高尺馀,叶有白毛,黄花。'"

①取花杂棒皮染褐:"棒",证类本草卷一一"鼠曲草"条作"椁"。
②生平岗热地:"热",同上书作"熟"。

熬泽漆

圣惠方:"治十种水气,用泽漆十斤,夏间采茎嫩叶,入水一斗,研汁约二斗,于银锅内慢火熬,如稀饧即止,瓷器内收。每日空心温酒调下一茶匙,以愈为度。"本草云:"泽漆,大戟苗也。三月三日、七月六日采茎叶阴干。"

浴泽兰

本草:"泽兰,一名虎兰,一名龙枣。三月三日采,阴干。陶隐居云:'今处处有,多生湿地。叶微香,可煎油。或生泽傍,故名泽兰。亦名都梁香,可作浴汤,人家多种之,今妇人方中最急用也。'"

收射干

荀子云："西方有木焉，名射干，茎长四寸，生于高山之上，而临百仞之渊。其茎非能长也，所立者然。"又阮公诗云："射干临层城[①]。"本草云："三月三日采，阴干。能疗肿毒。"

①射干临层城："层城"，艺文类聚卷二六引阮籍咏怀诗作"增城"。

用寄生

本草云："桑上寄生，坚发齿，长须眉。其实，明目轻身通神。一名寓木，一名茑生。生弘农山谷桑树上，三月三日，采茎阴干。"陶隐居云："桑上生者名桑寄生，方家亦有用杨上、枫上者，各随其树名之，形类一般。三四月开花白，五月实赤，大如小豆。今处处有之，俗呼为续断用之。"

浸南烛

孙思邈千金月令："南烛叶煎，益髭发及容颜，兼补暖。三月三日，采叶并蕊子，入大净瓶中干，盛以童子小便，浸满瓶，固济其口，置闲处。经一周年取开，每日一两次温酒服之，每酒一盏[①]，调煎一匙，极有效验。"

①每酒一盏："酒"，证类本草卷一四"南烛"条引孙思邈千金月令作"服"，此误。

采地筋

本草云："地筋,味甘,无毒,主益气,止渴除热,在腹脐利筋。一名菅根,一名土筋。生泽中,根有毛。三月生,四月实白。三月三日采根。"

带杜蘅

本草云："杜蘅,香人衣体。三月三日,采根热洗曝干[1]。"陶隐居云："根蒂都似细辛[2],惟香小异。处处有之。方药少用,惟道家服之,令人身衣香。"图经："杜蘅叶似马蹄,故俗名马蹄香。三月三日采根,热洗曝干。山海经云:'天帝之山有草,状如葵,其臭如蘼芜,名曰杜蘅。可以走马。'郭璞注云:'带之可以走马,或曰马得之则健走尔。'"

[1]热洗曝干:"热",证类本草卷八"杜蘅"条作"熟",此误。下同。

[2]根蒂都似细辛:"蒂",同上书作"叶",此误。

掘参根

本草云："参果根,味苦,有毒。生鼠瘘[1]。一名百连,一名乌蓼,一名鼠茎,一名鹿蒲。生百馀根,有衣裹茎。三月三日,采根。"

[1]生鼠瘘:"生",证类本草卷三〇"参果根"条作"主",此误。

岁时广记

卷 二十

佛　日

　　国朝孤山沙门释智圆注四十二章经云："随翻经学七费长房[1]，以瑞应及普曜、本行等经校雠鲁史，定知佛以姬周第十六主庄王十年，即春秋鲁庄公七年四月八日生也。按龙宫、海藏诸经及景德传灯录、吴虎臣佛运统纪，皆言我佛世尊以周昭王二十四年四月八日降生，未知孰是。"然姬周之历，以十一月为正，言四月八日者，即今之二月八日也。故荆楚岁时记云"二月八日，释氏下生"，良有自也。近代以今之四月八日为佛之生日者，姑徇俗云耳。

　　[1]随翻经学七费长房："随翻经学七"，按新唐书艺文志三："费长房历代三宝记三卷，长房，成都人，隋翻经学士"，此误。按，费长房之说见历代三宝纪卷一。

生太子

佛运统纪："姬周昭王二十四年甲寅岁四月八日，中天竺国净饭王妃摩耶氏生太子悉达多。年三岁，王携太子谒天神庙，神像致拜。王惊曰：‘我太子于天神中更尊。’因字之曰天中[①]。及十九岁，乘天马逾城出家，入雪山阿蓝伽处落发，不用处定。二十二岁，迁郁头蓝佛处，习非非想处定。二十五岁，迁象头山，同诸外道日餐麻麦，鹊巢于项，以无心意，无受行，而外道摧伏。三十五岁，于菩提场中成无上道，号曰佛世尊。以周穆王五十二年二月十五日，世尊于拘尸罗国娑罗双树间入般涅槃，住世七十九年。”大慧禅师浴佛上堂语云：“今朝正是四月八，净饭王宫生悉达。吐水九龙天外来，捧足七莲从地发。”

①因字之曰天中："天中"，释氏通鉴（宋释本觉撰）作"天中天"，此误。按，释氏通鉴卷一："丙辰（周昭王）二十八年，佛年三岁。净饭王携太子谒天神庙，神像忽能起敬。王惊叹曰：‘我太子天神中更尊。’因字之曰天中天。"

洗法身

正法眼藏："黄龙和尚住同安，示众云：‘今朝四月八，我佛生之日，天下精蓝，皆悉浴佛。记得遵布衲在药山会里充殿主，浴佛之辰，药山问："汝只浴得这个，还浴得那个么？"遵云："把将那个来。"药山便休。或云这个是铜像，那个是法身。铜像有形，可以洗涤，法身无相，如何洗得。药山只知其一，不知其二，被遵公说得口似匾担，不胜憉悷。’"

放光明

　　藏经示生品："菩萨以四月八日化乘白象贯日之精①，因母昼寝，以示其梦，从左肋入夫人腹②，寤而自知身重。天献饮食，自然而至。菩萨在胎，母无妨碍。后以四月八日，将诸彩女，游蓝毗尼园，攀无忧树。于时树下忽出莲花，大如车轮，菩萨降右肋而生，堕彼华上。自行七步，举右手，作狮子吼：'天上天下，唯我独尊。'帝释执盖，梵王持拂，左右侍立。九龙空中吐清净水，灌太子身。三十二相，八十种好，放大光明，普照三千大千世界。"

　　①贯日之精："贯"，佛说太子瑞应本起经（三国吴支谦译）卷上作"冠"。

　　②从左肋入夫人腹："左肋"，同上书作"右肋"。

现祥瑞

　　破邪论："周昭王即位二十四年，四月八日①，江河泉池，忽然泛涨，大地震动。夜，五色光入贯太微，遍于四方，作青红色。昭王问太史苏由曰：'是何祥也？'由对曰：'有大圣人生于西方，故现此瑞。'王曰：'于天下何如？'由对曰：'即时无他，千年外声教被及此土。'此时乃佛初生也。"

　　①四月八日：破邪论（唐释法琳撰）卷一引周书异记日期前有"甲寅岁"三字。

学非想

传灯录:"释迦佛生刹利王家,放大智光明,照十方世界。涌金莲花,自然捧双足。分手指天地,作狮子吼声。即周昭王二十四年也。年十九,欲出家,夜有天下名净居[1],于窗牖中叉手白太子言:'出家时至。'乃于檀特山修道,郁头蓝佛处学求非想。于二月八日明星出时成佛,号天人师。"

[1]夜有天下名净居:"天下",景德传灯录卷一作"天人",此误。

行摩诃

岁时杂记:"诸经说佛生日不同,其指言四月八日生者为多。宿愿果报经云:'诸佛世尊皆是此日,故用四月八日灌佛也。'今但南方皆用此日,北人专用腊月八日。近岁因圆照禅师来慧林,始用此日行摩诃利头经法[1],自是稍稍遵。"

[1]始用此日行摩诃利头经法:"摩诃利头经",隋彦琮撰众经目录作"摩诃刹头经",此误。按,众经目录卷一:"灌佛经一卷(一名摩诃刹头经)。"又开元释教录卷一二著录灌洗佛形像经(亦名四月八日灌经)一卷,西晋释法炬译,又摩诃刹头经(亦名灌佛形像经)一卷,符秦释圣坚译,二经属同本异译,前者为第一译,后者乃第二译。

成佛道

岁华纪丽:"佛以四月八日,生于母右肋。年十九岁,于四月八日夜半,逾城往雪山入道。六年思道不食,又以四月八日成佛。"

作龙华

荆楚岁时记:"荆楚以四月八日,诸寺各设斋,香汤浴佛。共作龙华会,以弥勒下生之征也。"

设斋会

东京梦华录:"四月八日佛生日,京师十大禅院,各有浴佛斋会,煎香药糖水相遗,名曰浴佛水。"东坡词云:"烘暖晚香阁,轻寒浴佛天。"

煎香水

高僧传①:"摩诃利头②:四月八日浴佛,以都梁香为青色水,郁金香为赤色水,丘隆香为白色水,附子香为黄色水,安息香为黑色水,以灌顶③。"

①高僧传:此书名疑衍。按此下引文(除"摩诃利头"四字外),悉见于荆楚岁时记"四月八日诸寺设斋"条杜公瞻注,此条盖由杜注录入。然所谓"浴佛"云云,实出自摩诃刹头经,释慧皎高僧传未见有相关叙述。疑此"摩诃利头"四字,初时或为他人旁批,以订正所谓事出高僧传之误,后乃阑入正文,以至一条文字,竟然并列两个出处,实则"高僧传"三字当删。

②摩诃利头：开元释教录卷一二上作"摩诃刹头"。参见前注。按，摩诃刹头经云："四月八日浴佛法：都梁、藿香、艾纳，合三种草香捼而渍之，此则青色水。若香少，可以绀黛、秦皮权代之矣。郁金香手捼而渍之于水中，捼之以作赤水。若香少、若乏无者，可以面色权代之。丘隆香捣而后渍之，以作白色水。香少，可以胡粉足之，若乏无者，可以白粉权代之。白附子捣而后渍之，以作黄色水。若乏无白附子者，可以栀子权代之。玄水为黑色，最为清净，今见井华水名玄水耳。"

③以灌顶：荆楚岁时记"四月八日诸寺设斋"条杜公瞻注"顶"前有"佛"字。

为法乐

荆楚岁时记："荆楚人相承，四月八日，迎八字之佛于金城，设幡幢鼓吹，以为法乐。"

建变灯

荆楚岁时记："二月八日，释氏下生之日，迦文成道之时。信舍之家，建八关斋戒，车轮宝盖、七变八会之灯。至今二月八日①，平旦，执香花绕城一匝，谓之行城。"

①至今二月八日："至今"二字，说郛（四库本）卷六九下引荆楚岁时记作"故云今"三字，"故云"属上读。

出王内

本记经^①:"二月八日夜半,太子被马当出,天使鬼神捧马足出,至于王内,则行城中矣。"

①本记经:当作"本起经",此误。按,修行本起经卷下游观品云:"是时太子还宫思惟,念道清净,不宜在家,当处山林,研精行禅。至年十九,四月七日,誓欲出家。至夜半后,明星出时,诸天侧塞虚空,劝太子去","于是被马讫。骞特自念言:'今当足蹑地,感动中外人。'四神接举足,令脚不着地。马时复欲鸣,使声远近闻,天神散马声,皆令入虚空。太子即上马,出行诣城门,诸天龙神,释梵四天。皆乐导从。"

行关戒

阿含经:"二月八日,当行八关之戒。"又佛经云:"在家菩萨,此日当行八关之斋戒也。"

绕城歌

寿阳记:"梁陈典曰:二月八日,行城。乐歌曰:'皎镜寿阳宫,四面起香风。楼形似飞凤,城势如盘龙。'"

现莲花

夷坚甲志:"绍兴二十一年四月,池州建德县田人汪二十一家,镬内现金色莲花,有僧立其上,自四月八日至十日不退,其家以煮犬,遂灭。闻自彭泽至石门民家,镬多生花,但无僧。此异所未闻也。是年,雨泽及时,乡老以为大有年之祥。"

儭百金

南史:"宋新安王子鸾四月八日建斋并灌佛,僚佐儭者多至一万,少者不减五千,张融独往儭百金①。"

①张融独往儭百金:"往",南史张融传作"注",此误。

舍项钱

南史宋书:"刘敬宣,父牢之,八岁丧母。四月八日,敬宣见众人浴佛,乃以项上金钱①,为母灌佛。因泣下,悲不自胜。桓序谓牢之曰:'卿此儿非唯家之孝子,必为国之忠臣。'"

①乃以项上金钱:"项上金钱",南史刘敬宣传作"头上金镜"。

雕悉达

燕北杂记:"四月八日,京府及诸州,各用木雕悉达太子一尊,城上舁行,放僧尼、道士、庶民行城一日为乐。"

溺金像

世说:"四月八日,吴孙皓以金像溺之,云浴佛。后阴病,忏悔乃瘥。"

登玉霄

灵宝朝修图:"四月初八,乃启夏之日,太上玉晨大道君登玉霄琳房,四眄天下①。"

①四眄天下:按真诰卷九协昌期、云笈七签卷四一朝玉晨君并作"四眄天下有志节远游之心者",此以"四眄天下"截断,语意未完。

现真人

道藏玄微集:"四月八日,太上老君西入流沙化胡,三天无上尊尹真人诞现。"

乞子息

荆楚岁时记:"四月八日,长沙寺阁下九子母神,市肆之人无子者,供薄饼以乞子,往往有验。"

献节物

文昌杂录:"唐岁时节物,四月八日则有糕糜。"

忌远行

摄生月令:"四月八日,不宜远行,宜安心静念,沐浴斋戒,必得福庆。"

服生衣

齐人月令:"四月八日,不宜杀草木,宜进温酒,始服生衣。"

戒杀生

河图:"四月八日,勿杀生,勿伐草木,仙家大忌。"

占果实

阴阳书:"四月八日雨,主果实少。"

收蕲蓂

本草:"蓂[①],味甘,无毒,主利肝气明目。今人作羹食。陈士良云:'实亦呼蕲蓂子,明目,去瞖障,久食视物鲜明。四月八日收实,良。其花将去席下,辟虫。'"

①蓂:证类本草卷二七"荠"条作"荓",此误。

诞慧藏

承字函续高僧传曰："释慧藏[1]，父享高位，绝无后嗣，幽忧无积[2]。素仰佛理，乃造千部观音，希生一息，后若长成，愿发道心，度诸生类。冥祥显应，梦星入怀，因而有娠。以四月八日诞载良辰，道俗咸庆希有瑞也[3]。"

[1]释慧藏：续高僧传作"释慈藏"。上同。按，续高僧传卷二五唐新罗国大僧统释慈藏传："释慈藏，姓金氏，新罗国人。其先三韩之后也。中古之时，辰韩、马韩、卞韩率其部属，各有魁长。案梁贡职图，其新罗国，魏曰斯卢，宋曰新罗，本东夷辰韩之国矣。藏父名武林，官至苏判异，（以本王族，比唐一品。）既享高位，筹议攸归。而绝无后嗣，幽忧每积。素仰佛理，乃求加护，广请大舍，祈心佛法，并造千部观音，希生一息，后若成长，愿发道心，度诸生类。冥祥显应，梦星坠入怀，因即有娠。以四月八日诞载良晨，道俗衔庆希有瑞也。"

[2]幽忧无积："无"，同上书作"每"，此误。

[3]道俗咸庆希有瑞也："咸"，同上书作"衔"。

生灵慧

左字函续高僧传曰："释灵慧[1]，母以二月八日道观设斋，因乞有子。还家，梦见在松林下坐，有七宝钵于木颠飞来入口，便觉有娠，遂生灵慧。"

①释灵慧:续高僧传作"释灵睿",此误。全文同。按,续高僧传卷一五唐绵州隆寂寺释灵睿传:"释灵睿,姓陈,本惟颍州,流寓蜀郡,益昌之陈乡人也。祖宗信于李氏。其母以二月八日道观设斋,因乞有子。还家,梦见在松林下坐,有七宝钵于树颠飞来入口,便觉有娠,即不喜五辛诸味。及其诞已,设或食者,母子头痛,于是遂断。"

有僧谕

达字函续高僧传曰:"释僧论①,未孕之初,二亲对坐,忽有胡僧,秀眉皓首,二侍持幡在左右,曰:'愿为母子,未审如何?'即礼拜之,因而有娠。四月八日四更后生,还见二幡翊其左右,兼有异香。"

①释僧论:续高僧传作"释僧伦",此误。按,续高僧传卷二一唐卫州霖落泉释僧伦传:"释僧伦,姓吕氏,卫州汲人。祖宗,诸州刺史。父询,隋初穆陵太守。未孕之初,二亲对坐,忽有梵僧,秀眉皓首,二侍持旛在其左右,曰:'愿为母子,未审如何?'即礼拜之,挥忽失所。因尔有娠,四月八日四更后生,还见二旛翊其左右,兼有异香,产讫不见。"

产元高

高僧传曰:"释元高①,小名灵育。母寇氏,梦见胡僧持伞②,香花满座,便即怀胎。至四月八日生③,忽有异香,及光明照壁,迄旦乃息,因名灵育也。"

①释元高:即"释玄高",盖避宋讳改。

②梦见胡僧持伞:"持伞",高僧传卷一一宋伪魏平城释玄高传作"散华满室"。

③至四月八日生:同上书作"至四年(许按:即后秦弘始四年。)二月八日生男"。

迁雪窦

传灯录:"雪窦师讳重显,字隐之,遂州李氏子,生于兴国五年四月八日。后出家,受其①,学经论,业于乡里。晚参随州智门祚和尚,因扣不起一念之旨,豁然知归,遂遍游丛席,众所推仰。居吴门之洞庭,迁四明之雪窦,由是云门之道,复振于江、浙。侍中贾公奏闻朝廷,乞赐'明觉'之号。"东坡诗云:"好句真传雪窦风。"又云:"他日从参雪窦师。"

①受其:"其",祖庭事苑卷一雪窦洞庭录作"具",此误。

戮秃师

广古今五行志:"北齐初,并州阿秃师者,不知姓名。尔朱未灭之前,在晋阳游,出入民间,语谶必有征验。每行市,众围绕之,因大呼曰:'怜尔百姓无所知,不知并州阿秃师。'人以此名焉。齐神武位邺之后①,时来邺下。所有军国大事未出帷幄者,秃师先于人间露泄。末年,执置城内,遣人防守,不听辄出。当日,并州城三门,各有一秃师荡出,遮执不能禁②。未几,有人从北州来,云:'秃师四月八日于雁门郡市舍命,大众以香花送,埋城外。'并州人怪笑,相谓曰③:'四月八日,从汾桥东出,一脚有鞋,一脚跛跣,但不知入何坊巷,人皆见之,何云雁门死也?'此人复往北州,报语乡众,开冢看之,唯见一只鞋耳。后还游并州,制约不从,浪语不息,虑动民庶,遂以妖惑戮之,以绳钓首④。七日后,有人从河西来,云:'道逢秃师,形状如故,但背负一大绳。与语,不应,急走西去。'"

①齐神武位邺之后:"位",太平广记卷九一"阿秃师"条引广古今五行记作"迁"。

②遮执不能禁:"遮",同上书作"遍",此误。

③并州人怪笑相谓曰:同上书作"并州人怪笑此语,谓之曰"。

④以绳钓首:"钓",同上书作"钩",此误。按,同上书此句前尚有"沙门无发"一句,以明所以钩首之由。

笑三藏

启颜录:"随有三藏法师①,父本胡商,法师虽生中国,其仪容面目,犹类胡人。然行业极高,又有辨捷。尝以四月八日设斋讲说,一时朝官及道俗观者千馀人,大德名僧与师问辨者数十辈。法师随语随答②,义理不穷。最后有小儿姓赵,年十三,从众中出。法师辨捷既已过人,又向来皆是高名耆德,忽见此儿欲求论议,众皆怪笑。小儿精神自若,即就座,大声曰:'昔野犴和尚自有经文,未审"狐作阿阇梨"出何典诰?'僧语云:'此子声高而身小,何不以声而补身?'儿即应云:'法师以弟子声高而身小,何不以声而补身,法师眼深而鼻长,何不截鼻而补眼?'众皆惊异,起立大笑。是时暑月,法师左手把如意,右手摇扇,众笑未定,法师又思量答语,以所摇扇掩面低头,儿又大声语云:'圆圆形如满月③,不藏顾兔,翻掩雄狐。'众益大笑。法师即去扇,以如意指麾别送,忽如意头落。儿即起谓法师曰:'如意既折,义锋亦摧。'即于座前,长揖而去。此僧既怒且惭,大众无不惊叹称笑。"

①随有三藏法师:"随",太平广记卷二四八"赵小儿"条引启颜录作"隋"。

②法师随语随答:"随语随答",同上书作"随难即对"。

③圆圆形如满月:"圆圆",同上书作"团圆"。

异续生

广古今五行志:"濮阳郡有续生,莫知其来,身长七尺而肥黑,剪发留二三寸,破衫齐膝而已。人遗财帛,转施贫穷。每四月八日,市场戏处,皆有续生。郡人张孝恭不信,自在戏场对一续生,又遣兄弟往诸处看验,场场悉有,以异之①。或天旱,续生入泥涂偃展,久之必雨,土人谓之猪龙。市有大坑,水潦停注,常有群猪止息其间,续生向夕来卧。冬月飞霜着体,睡觉则汗气冲发。夜中,有人见北市雷火洞赤②,有一蟒蛇,身在电里,首出电外,往视之,乃续生拂灰而去③。后不知所之。"

①以异之:太平广记卷八三"续生"条引广古今五行记"以"后

有"此"字。

②有人见北市雷火洞赤:"雷",同上书作"灶",此误。下同。

③乃续生拂灰而去:"去",同上书作"出",此误。按,同上书以上数句作"(首在灶外)大于猪头,并有两耳。伺之平晓,乃是<u>续生</u>拂灰而出"。

礼佛山

杜阳杂编:"<u>唐恭宗崇释氏之教</u>①,舂百品香和银粉,以涂佛室。遇<u>新罗国</u>献五色氍毹及万佛山,可高一丈,置于佛室,以氍毹藉其地。氍毹之巧丽,亦冠绝一时,每方寸之内,即有歌舞伎乐,列国山川之状。或微风入室,其上复蜂蝶动摇,燕雀飞舞,俯而视之,莫辨真伪。万佛山即雕沉檀、珠玉成之,其佛形大者或逾寸,小者八九分。其佛之首,有如黍米者,有如半菽者。其眉目口耳,螺髻毫相悉具。而更镂金玉、水晶为幡盖、流苏,庵罗、薝蔔等树,构百宝为楼阁台殿,其状虽微,势若飞动。前有行道僧,亦不啻千数。下有紫金钟,阔三寸,以蒲索衔之。每击钟,行道僧礼首至地,其中隐隐然若闻梵声②。其山虽以万佛名,其数则不可胜纪。上置九光扇于岩巘间,每四月八日,召两街僧徒,入内道场,礼万佛山。是时观者叹非人工,及睹九色光于殿中,咸谓之佛光③。由是上命三藏僧<u>不空</u>,念<u>天竺</u>密语千口而退。"

①唐恭宗崇释氏之教:"唐恭宗",有唐一代无称"恭宗"者,按<u>太平广记</u>卷四〇四"万佛山"条引杜阳杂编,其中有"上命三藏僧<u>不空</u>念<u>天竺</u>密语"事,而<u>不空</u>(705—774)卒于<u>唐代宗 大历</u>八年

（774），因知此"崇释氏之教"者为代宗，此误。

②其中隐隐然若闻梵声：同上书此下尚有"盖关縁在乎钟也"一句。

③咸谓之佛光：同上书此下有"即九光扇也"一句。

岁时广记

卷 二十一

端　五 上

　　梁吴均续齐谐记曰："屈原,楚人也。遭谗不见用,以五月五日,投汨罗之江而死。楚人哀之,至此日[①],以竹筒子贮米,投水以祭之。汉建武中,长沙区回忽白日见一士人[②],自云三闾大夫,谓回曰:'闻君当见祭,甚善。但常年所遗,每为蛟龙所窃。今若有惠,可以楝树叶塞其筒,上以彩丝缠之。此二物,蛟龙所惮也。'回依其言,后复见原感之。今世人五月五日作粽,并带五色丝及楝叶,皆汨罗水之遗风也。"按图经云:"汨罗江,在湘阴县北五十里。"苏东坡作皇太后阁端五帖子云:"翠筒初裹楝,芗黍复缠菰。"又诗云:"尚可饷三闾,饭筒缠五彩。"又诗云:"楚人悲屈原,千载意未歇。精魂飘何在,父老空哽咽。至今苍江上,投饭救饥渴。"区回,一作区曲。

　　①至此日:艺文类聚卷四、太平御览卷三一引续齐谐记句前有"每"字。

　　②长沙区回忽白日见一士人:"区回",同上书并作"欧回"。

端一日

岁时杂记:"京师市廛人,以五月初一日为端一,初二日为端二,数以至五,谓之端五。"洪迈舍人容斋随笔云:"唐玄宗八月五日生,以其日为千秋节。张说上大衍历序云:'谨以开元十六年八月端五,赤光照室之一夜献之。'唐类表有宋璟请以八月五日为千秋节表云:'月惟仲秋,日在端午。'然则凡月之五日,皆可称端午也。"

端五日

李正文资暇集引周处风土记曰"仲夏端五",注云:"端,始也,谓五月初五日也。今书'端午',其义无取。予家元和中端五诏书,无作'午'字①。"

①无作午字:资暇集卷中"端午"条句末有"处"字。

符天数

提要录:"张说云:'五月五日,乃符天数也。'"唐明皇诗云:"五日符天数。"

趁天中

提要录:"五月五日,乃符天数也。"午时为天中节。王沂公端五帖子云:"明朝知是天中节。"万俟公词云:"梅夏暗丝雨,麦秋扇浪风。香芦结黍趁天中。五日凄凉今古、与谁同[1]。"

[1]与谁同：按，全宋词第二册第八〇八页万俟咏南歌子据本书录此数句，并注："下缺。"

祭天神

岁时杂记："京师人自五月初一日，家家以团粽、蜀葵、桃柳枝、杏子、林禽、柰子，焚香，或作香印。祭天者以五日。"古词云："角黍厅前，祭天神、妆成异果。"

祠郡守

后汉书："陈临为苍梧太守，推诚而治，导人以孝悌。临征去后，本郡以五月五日祠临东门城上，令小儿洁服舞之。"魏收五日诗云："因想苍梧郡，兹日祀陈君。"

进节料

文昌杂录："唐岁时节物，五月五日有百索、粽子。"又唐六典云膳部节日食料，谓"五月五日粽䉤"。

备节物

东京梦华录："都人争造百索、艾花、银样鼓儿花、花巧画扇、香糖果子、粽子、白团、紫苏、菖蒲、木瓜，并皆茸切。以香药相和，用梅红匣子盛裹，谓之端五节物。"

买桃艾

东京梦华录："自五月一日及端午前一日，城内外争买桃、柳、葵花、蒲叶、佛道艾。次日，家家铺陈于门首，以粽子、五色水团、茶酒供养。又钉艾人于门上，士庶递相宴会。"

送鼓扇

岁时杂记："鼓、扇、百索市在潘楼下，丽景门外，阛阓门外，朱雀门内外，相国寺东廊外，睦亲、广亲宅前，皆卖此物。自五月初一日，富贵之家多乘车萃买，以相馈遗。鼓皆小鼓，或悬于架，或置于座，或鼗鼓、雷鼓，其制不一。又造小扇子，皆青黄赤白色，或绣或画，或缕金，或合色，制亦不同。"又秦中岁时记云："端五前二日，东市谓之扇市，车马于是特盛。"

竞龙舟

荆楚岁时记："五月五日竞渡，俗为屈原投汨罗，人伤其死所，并命舟楫以拯之，至今为俗。"又越地传云："竞渡起于越王勾践，盖断发文身之俗，习水而好战者也。"刘梦得竞渡曲云："沅江五月平地流，邑人相将浮彩舟。灵均何年歌已矣，哀谣振楫从此起。"欧阳公诗云："楚俗传筒粽，江人喜竞船。"东坡诗云："遗风成竞渡，哀叫楚山猿。"又古诗云："湘江英魂在何处，犹教终日竞龙舟。"

治凫车

荆楚岁时记："南方竞渡者，治其舟，使轻利，谓之飞凫，又曰水车，又曰水马，州将及土人悉临水而观之。盖越人以舟为车，以楫为马。"古诗云："兰汤备浴传荆俗，水马浮江吊屈魂。"又章简公端五帖子云："丝竹渐高铙鼓急，云津亭下竞凫车。"

啖葅龟

风土记："仲夏端午，俗重此日，与夏至同，煮肥龟，令极熟，去骨，加盐豉蒜蓼，名曰葅龟。表阳外阴内之形，所以赞时也。"章简公端五帖子云："寿术先供饵，灵龟更荐葅。"

烹鹜鸟

风土记："端五烹鹜，先节一日，以菰叶裹黏米，用栗枣、灰汁煮，令极熟，节日啖之。盖取阴阳包裹未分之象也。"本草云："菰，又谓之茭白菰。音孤。"欧阳诗云："香菰黏米煮佳茗，古俗相传岂足矜。"

裹黏米

岁时杂记："端五，因古人筒米而以菰叶裹黏米名曰角黍相遗，

俗作粽。子弄反,亦作粽。或加之以枣,或以糖,近年又加松栗、胡
桃、姜桂、麝香之类。近代多烧艾灰淋汁煮之,其色如金。"古词云:
"角黍包金,香蒲切玉。"异苑云:"粽,屈原姊所作也。"

作角粽

岁时杂记:"端五粽子,名品甚多,形制不一,有角粽、锥粽、茭
粽、筒粽、秤锤粽。又有九子粽,按古今乐录十月节折杨柳歌[①],其
五月云:'菰生四五尺[②]。作得九子粽,思想劳欢手。'"王沂公端五
皇后阁帖子云:"争传九子粽,皇祚续千春。"又章简公端五帖子云:
"九子黏筒玉粽香,五丝萦臂宝符光。"

[①]古今乐录十月节折杨柳歌:"十月节",乐府诗集卷四九清商
曲辞六月节折杨柳歌作"月节"。按,此杨柳歌凡十三首,自正月至
十二月,每月一歌,外加"闰月歌",并非仅止"十月节"。

[②]菰生四五尺:按,同上书此句下尚有"素身为谁珍,盛年将可
惜。折杨柳,"三句。

解粽叶

岁时杂记:"京师人以端五日为解粽节。又解粽为献,以叶长
者胜,叶短者输,或赌博,或赌酒。"李之问端五词云:"愿得年年,长
共我儿解粽。"

藏饧糖

岁时杂记：“自寒食时，晒枣糕及藏稀饧，至端五日食之，云治口疮，并以稀饧食粽子。”

造白团

岁时杂记：“端五作水团，又名白团。或杂五色人兽花果之状，其精者名滴粉团。或加麝香。又有干团，不入水者。”张文潜端五词云：“水团冰浸砂糖裹，有透明角黍松儿和。”

射粉团

天宝遗事：“唐宫中，每端五造粉团、角黍，钉金盘中，纤妙可爱。以小小角弓架箭，射中粉团者得食。盖粉团滑腻而难射也。都中盛行此戏。”

为枣糕

岁时杂记：“京都端五日，以糯米煮稠粥，杂枣为糕。”

干草头

岁时杂记：“都人以菖蒲、生姜、杏、梅、李、紫苏，皆切如丝，入

盐,曝干,谓之百草头。或以糖蜜渍之,纳梅皮中,以为酿梅,皆端
午果子也。"

菖华酒

　　岁时杂记:"端五,以菖蒲,或缕或屑,泛酒。"又坡词注云:"近
世五月五日,以菖蒲渍酒而饮。"左传云:"享有菖歜。"注云:"菖蒲
也。"古词云:"旋酌菖蒲酒,灵气满芳樽。"章简公端五帖子云:"菖
华泛酒尧樽绿,菰叶萦丝楚粽香。"王沂公端五帖子云:"愿上菖花
酒,年年圣子心。"菖华,菖蒲别名也。

艾叶酒

　　金门岁节:"洛阳人家,端五作术羹、艾酒,以花彩楼阁插鬓,赐
辟瘟扇梳。"

五彩丝

　　风俗通:"五月五日,以五彩丝系臂者,辟鬼及兵,令人不病
瘟。"又曰:"亦因屈原。一名长命缕,一名续命缕,一名辟兵缯,一
名五色缕,一名五色丝,一名朱索。又有条脱等织组杂物,以相遗
赠。"东坡词云:"彩线轻缠红玉臂。"线与缐同。又王晋卿端五词云:
"合彩丝、对缠玉腕。"又云①:"斗巧尽输年少,玉腕彩丝双结。"

　　①又云:按,"又云",承上令人以为王晋卿词,实则"斗巧尽输

年少"二句乃出吴子和喜迁莺(端五)词,见草堂诗馀卷四。

五色索

续汉书:"五月五日,以朱索五色为门户饰,襄止恶气。"欧阳公诗云:"五色双丝献女功,多因荆楚记遗风。"

续命缕

风俗通:"五月五日,作续命缕,俗说以益人命。"欧阳公诗云:"绣茧夸新巧,萦丝喜续年。"又云:"更以亲蚕茧,纫为续命丝。"章简公端午皇帝阁帖子云:"清晓会披香,朱丝续命长。一丝增一岁,万缕献君王。"

延年缕

提要录:"端五日,集杂色茸丝作延年缕,云辟恶延龄。"王沂公端五皇帝阁帖子云:"夕燃辟恶仙香度,朝结延年帝缕成。"欧阳公诗云:"深宫亦行乐,彩索续长年。"

长命缕

西阳杂俎:"北朝妇人,端五日,进长命缕,宛转皆为人象带之①。"王禹玉端午皇帝阁帖子云:"更传长命缕,宝历万年馀。"又

帖子云:"六宫竞进长生缕,天子垂衣一万年。"章简公帖子云:"楚
俗彩丝长命缕,仙家神篆辟兵符。"颍滨作太后端午帖子云:"万寿
仍萦长命缕,虚心不着赤灵符。"

①宛转皆为人象带之:酉阳杂俎卷一礼异"北朝妇人"条作"宛
转绳,皆结为人像带之"。

辟兵缯

新语:"五月五日,集五彩缯,谓之辟兵缯。"章简公作皇帝阁端
五帖子云:"金缕臂缯长,冰丝酒面香。"又帖子云:"茧彩初成长命
缕,珠囊仍带辟兵缯。"子由作皇帝阁端五帖云:"饮食祈君千万寿,
良辰更上辟兵缯。"

集色缯

风俗通:"五月五日,集五色缯辟兵。余问服君,服君曰:'青黄
赤白①,以为四方,黄为中央。襞方缀于胸前,以示妇人蚕功也。织
麦䴘悬于门②,以示农工也。转声,以襞为辟兵耳。'"

①青黄赤白:太平御览卷三一引风俗通作"青赤白黑"。
②织麦䴘悬于门:按,同上书有夹注:"按䴘音涓,麦茎也。"

双条达

风俗通:"五月五日,以杂色线织条脱,一名条达,缠于臂上。"

近公作夫人阁端午帖云："绕臂双条达，红纱昼梦惊。"易安居士词
云："条脱闲揎系五丝。"

结百索

岁时杂记："端五百索，乃长命缕等物，遗风尚矣。时平既久，
而俗习益华，其制不一。"纪原云："百索即朱索之遗事，本以饰门
户，而今人以约臂。"又云："彩丝结纫而成者为百索，纫以作服者名
五丝。"古词云："自结成同心百索，祝愿子、更亲自系着。"

合欢索

提要录："北人端五以杂丝结合欢索，缠于臂膊。"张子野端五
词云："又还是兰堂新浴，手撚合欢彩索。笑偎人、富寿低低祝。金
凤颤，艾花蠢。"又张文潜词云："菖蒲酒满劝人人，愿年年欢醉。偎
倚。把合欢彩索，殷勤寄与。"又云："手把合欢彩索，殷勤微笑殢檀
郎。低低告，不图系腕，图系人肠。"

合头鬊

岁时杂记："端五日，大族家作合色头鬊，上下均给，逮牛马猫
犬皆带之。"

道理袋

岁时杂记:"端五,以赤白彩造如囊,以彩线贯之,搐使如花,俗以稻、李置彩囊中带之,谓之道理袋。"

赤白囊

岁时杂记:"端五,以赤白彩造如囊,以彩线贯之,搐使如花形,或带,或钉门上,以禳赤口白舌,又谓之搐钱。"古端午词云:"及妆时结薄衫儿。蒙金艾虎儿。画罗领抹襕裙儿。盆莲小景儿。 香袋子,搐钱儿。胸前一对儿。绣帘妆罢出来时。问人宜不宜。"

蚌粉铃

岁时杂记:"端五日,以蚌粉纳帛中,缀之以棉,若数珠,令小儿带之,以裛汗也。"古端五词云:"门儿高挂艾人儿。鹅儿粉扑儿。结儿缀着小符儿。蛇儿百索儿。 纱帕子,玉环儿。孩儿画扇儿。奴儿自是豆娘儿。今朝正及时。"

色纱罩

岁时杂记:"都人端五作罩子,以木为骨,用色纱糊之,以罩食。又为小儿睡罩,有甚华者。"

桃印符

续汉书刘昭曰："桃印本汉朝①,以止恶气。"今世端午以彩绘篆符,而相问遗,亦以置帐屏之间。魏收诗云："辟兵书鬼字,神印题灵文。"章简公端五皇后阁帖子云："桃印敞金扉,鸣环茧馆归。"又云："玉轸薰风细,朱符彩缕长。"又云："赤符神印穿金缕,团扇鲛绡画凤文。"

①桃印本汉朝:"汉朝",续汉书礼仪志中刘昭注作"汉制",此误。

赤灵符

抱朴子:"或问辟兵之道,答曰:'以五月五日,作赤灵符着心前。'"王沂公端五夫人阁帖子云："欲谢君恩却无语,心前笑指赤灵符。"又帖子云："如何金殿里,犹献辟兵符。"章简公帖子云:"自有百神长侍卫,不应额备赤灵符①。"欧阳公诗云："君恩多感旧,谁献辟兵符。"又端五词云："五兵消以德,何用赤灵符。"

①不应额备赤灵符:"额备",古今事文类聚前集卷九作"须佩",此误。

钗头符

岁时杂记:"端五,剪缯彩作小符儿,争逞精巧,掺于鬟髻之上,都城亦多扑卖,名钗头符。"东坡词云:"小符斜挂绿云鬟。"吴敏德词云:"御符争带,更有天师神咒。"又古词云:"双凤钗头,争带御书符。"

画天师

岁时杂记:"端五,都人画天师像以卖。又合泥做张天师,以艾为头,以蒜为拳,置于门户之上。"苏子由作皇太妃阁端五帖子云:"太医争献天师艾,瑞雾长萦尧母门。"艮斋先生魏元履词云:"挂天师,撑着眼,直下觑。骑个生狞大艾虎。闲神浪鬼,辟慄他方远方,大胆底,更敢来、上门下户。"

带蒲人

岁时杂记:"端五,刻蒲为小人子,或葫芦形,带之辟邪。"王沂公端五帖子云:"明朝知是天中节,旋刻菖蒲要辟邪。"又秦少游端五词云:"棕团桃柳,盈门共垒,把菖蒲、旋刻个人人。"

结艾人

荆楚岁时记:"荆楚人端五采艾结为人,悬门户上,以禳毒气。"王沂公端五帖子云:"仙艾垂门绿,灵丝绕户长。"又云:"百灵扶绣户,不假艾为人。"章简公帖子云:"双人翠艾悬朱户,九节丹蒲泛玉觞。"又云:"艾叶成人后,榴花结子初。"

掺艾虎

岁时杂记:"端五,以艾为虎形,至有如黑豆大者。或剪彩为小虎,粘艾叶以戴之。"王沂公端五帖子云:"钗头艾虎辟群邪,晓驾祥云七宝车。"章简公帖子云:"花阴转午清风细,玉燕钗头艾虎轻。"王晋卿端五词云:"偷闲结个艾虎儿,要插在、秋蝉鬓畔。"又古词云:"双双艾虎。钗袅朱符,臂缠红缕。"又古词云:"才向兰汤浴罢,娇羞簪云髻,正雅称鸳鸯会。"

衣艾虎

陈氏手记:"京师风俗繁华,但喜迎新,不忺送旧。才入夏,便询端五故事。仕女所戴所衣,所用艾虎,皆未原其始,未晓其义。"欧阳公端五词云:"衫裁艾虎,钗袅朱符,臂缠红缕。"又古词云:"才向兰汤浴罢,娇羞困、殢人未忺梳掠。艾虎衫儿,轻衬素肌香薄。"

插艾花

岁时杂记:"端五,京都士女簪戴,皆剪缯楮之类为艾,或以真艾,其上装以蜈蚣、蚰蜒、蛇蝎、草虫之类,及天师形像,并造石榴、萱草、蹀躞假花,或以香药为花。"古词云:"御符争带。斜插交枝艾。"

佩楝叶

陶隐居诀:"楝树处处有之,俗人五月五日皆取叶佩之,云辟

恶。其根以苦酒磨,涂疥,甚良。煮汁作糜食之,去蛔虫。"风俗通
云:"獬豸食楝。"

斗草戏

荆楚岁时记:"泗人五月五日蹋百草[①]。"今人又有斗百草之戏。
欧阳公诗云:"共斗今朝胜,盈襜百草香。"章简公端五帖子云:"五
荚开瑞荚,百草斗香茗。"又云:"五日看花怜并蒂,今朝斗草得
宜男。"

①泗人五月五日蹋百草:"泗人",初学记卷四、太平御览卷三
一引荆楚岁时记作"四人",此误。按,"四人"即"四民",盖唐人避
讳改。

浴兰汤

大戴礼:"五月五日,蓄兰为沐浴。"楚词云:"浴兰汤兮沐芳
华。"王禹玉作夫人阁帖子云:"金缕黄龙扇,兰芽翠釜汤。"章简公
帖子云:"菖蒲朝觞满,兰汤晓浴温。"东坡端五词云:"轻汗微透碧
纨,明朝端五沐芳兰。"

沐井水

琐碎录:"五月五日午时,取井花水沐浴,一年疫气不侵。俗采
艾柳桃蒲,揉水以浴。"又岁时杂记云:"京师人以桃柳心之类,燖汤

以浴,皆浴兰之遗风也。"

书天地

玄微集:"预研朱砂、雄黄细末,五月五日水调,用槐纸五斤,如小钱大,写'天地日月星'五字,撚作五圆,桃柳汤吞下,大治疟疾。汉三十代天师虚静先生秘法。"

篆斗名

博闻录:"治疟:用橘叶七枚,焚香,叩齿七通,写'魁䰢魖魓魑魑魑'七字于七叶上,焙干为细末,以井花水调,面北服之,大验。忌五辛、三厌、七日。端五书者,尤验。"

钉赤口

陈氏手记:"今人端五日,多写赤'口'字贴壁上,以竹钉钉其字口中,云断口舌,不知起自何代。闽俗,又端五日以二纸写'官符上天,口舌入地',颠倒贴于壁间,亦皆无据。"端五谑词云:"从前浪荡休整理。钉赤口、防猜忌。而今魔难管全无,一似粽儿黏腻。"

圆朱龙

博闻录:"五月五日午时有雨,用雨水调朱,书'龙'字如小钱大。次年此日此时有雨，再用雨水磨墨，又书'龙'字，如前字大。二字合之作小团儿，临产，用乳香汤吞下，催生如神，男左手、女右手握出。"

写风烟

琐碎录："五月五日，写'风烟'二字，贴窗壁下，辟蜓蝣蚊蚋。一云书'滑'字。"

念仪方

提要录："端五日午时，书'仪方'二字，倒贴于柱脚上，能辟虫蛇。应有蛇虺处，多以砖瓦写'仪方'二字，蛇自畏退。又云，入林默念'仪方'二字，则不见蛇；念'仪康'二字，则不见虎。"

贴荼字

琐碎录："端五日午时，以朱砂书'荼'字，倒贴屋壁间，蛇蝎、蜈蚣皆不敢近。一云，用倒流水研墨写'龙'字，贴四壁柱上，亦验。"

黏白字

琐碎录："端五日午时，多写'白'字，倒粘贴柱上四处，可以辟蝇子。"

忌菜蔬

千金方："黄帝云:'五月五日,勿食一切菜,发百病。'"

谨饮食

千金方："五月五日,勿食鲤鱼子。共猪肝食之,必不消化,能成恶病。"

占稼穑

凤台麈史："乾道戊子五月五日夏至,安陆老农相谓曰:'夏至连端五,家家卖男女。'果秋稼不登。至冬艰食,卖子以自给,至委于路隅者。明年己丑大旱,人相食,弃子不可胜数。"

择符术

岁时杂记："凡学符术禁持,下至禁蛇蝎者,率于端五日祭祷,不接人事,或服气不食不语。盖其积力久则入,非诚则术不能成。然择术不可不慎,雷法书:'端五日,天罡加鬼门。'"

谢罪愆

止一旨要："道家有五腊日,以五月五日为地腊日。其日五帝校定生人官爵,血肉盛衰,外滋万类,内滋年寿,记录长生。此日可以谢罪求请,移易官爵,祭祀先祖,不可伐损树木,血食,可服气消息。"

请寿算

道藏朝修图:"五月五日乃续命之辰,其日可请道迎仙,请益寿。"

戒曝荐

异苑:"五月五日,戒曝荐席。新野庾家,尝以此日曝荐席,忽见一小儿于席下,俄而失所在,因相传以为戒。"

讳盖屋

风俗通:"五月五日以后,至月终,最忌翻盖屋瓦,令人发秃。"又酉阳杂俎云:"俗讳五月上屋,言五月人蜕,如上屋,即自见其影,魂魄不安矣。"又岁时杂记云:"五月五日,人多忌不上屋,小儿不得下中庭。"

求新词

蕙亩拾英集:"鄱阳一护戎,失其姓,厥女极有词藻。太守以端

午泛舟,雅闻其风韵,因遣人求词。女走笔成<u>望海潮</u>以授使者,云:
'云收飞脚,日祛怒暑,新蝉高柳鸣时。兰佩紫囊,蒲抽碧剑,吴丝
两腕双垂。闻道<u>五陵</u>儿。蛟龙吼波面,冲碎琉璃。画鼓声中,锦标
争处飐红旗。　使君冠盖追,正霞翻酒浪,翠敛歌眉。扇动水①,风
生玉宇,微凉透入单衣。日暮楚天低。金蛇掣电漾,千顷霜溪。宴
罢休燃宝蜡,凭月照人归。'"

①扇动水:全宋词第四册第二九六〇页据本书录此词,"水"字
下校云:"案此句缺一字。"

取墙雪

<u>启颜录</u>:"<u>隋朝</u>有人敏慧而吃,<u>杨素</u>每闲闷,即召与剧谈。尝岁
暮无事对坐,因戏之云:'今日家中,有人为蛇咬足,若为医治?'此
人应声曰:'取五月五日南墙下雪雪涂涂之,即即即瘥。'<u>素</u>曰:'五
月五日,何处可得雪?'答曰:'若五五五月无雪,腊月何何何处有
蛇?'<u>素</u>笑而遣之。"

岁时广记

卷二十二

端 五

赐公服

皇朝岁时杂记:"端五,赐从官已上酒、团粽、画扇,升朝官已上赐公服衬衫,大夫已上加袴,从官又加黄绣裹肚,执政又加红绣裹肚、三襜,经筵史官赐杂纱帽及头冐帕子、涂金银装扇子、酒果,史官又加团茗上尊。仁宗时,自从官以上并讲官,赐御帛书扇。"稽考李唐,亦有此赐,故杜甫端五日赐衣诗云:"宫衣亦有名,端五被恩荣。细葛含风软,香罗叠雪轻。自天题处湿,当暑着来清。意内称长短,终身荷圣情。"

赐时服

杨文公谈苑:"国朝之制,文武官诸军校在京者,端五赐衣服。"渑水燕谈云:"升朝官每岁端五赐时服。"又王沂公笔录云:"圣节、端五、冬初,赐百官时服,旧制。"

赐金鱼

李元纮传:"五月五日,宴武臣于殿①,群臣赐袭衣,时以紫服、金鱼赐元纮及萧嵩②。"

①宴武臣于殿:新唐书李元纮传作"宴武成殿",此误。

②时以紫服金鱼赐元纮及萧嵩:"时",同上书作"特",此误。

赐寿索

李肇翰林志:"端五,赐百官寿索。"

赐帛扇

唐会要:"贞观十八年五月五日,太宗谓长孙无忌、杨师道曰:'五日旧俗必用服玩相贺,今朕各遗卿飞白扇二枚,庶动清风,增美德,以推旧俗之法。'"

赐团扇

翰林志:"初选者,召令赴银台,试制书批答三首,内库给青绮被、紫丝履之类。端五,赐青团扇。"

赐钟乳

芝田录:"重五,赐宋璟钟乳。璟命付医合炼,儿侄曰:'上赐必珍,付其家必欺换,不如就宅修制。'璟曰:'持诚示信,尚惧见猜,示人以不信,其可得乎? 尔勿以此待之。'"

赐彩丝

唐文类刘禹锡谢端五表曰:"端五,赐臣墨诏并衣一副,金花器三事①,彩丝一轴,又将衣四副②,彩丝五轴。宠光荐至,庆赐曲沾。"

①金花器三事:"金花器",刘禹锡集卷一二谢端午日赐物表作"金花银器",此误。

②又将衣四副:"又",同上书作"大",此误。

衣纱服

杂志:"一朝士五日起居,衣纱公服,为台司所纠。三司使包拯亦衣纱公服,阁门使请易之,语曰:'有何条例?' 答曰:'不见旧例,只见至尊御此耳。'乃易之。"

进御衣

杜甫送向卿进奉端五御衣之上都惜别云:"裁缝云雾成御衣,

拜跪题封贺端午。"

置高会

国朝事实:"太宗征太原,行次澶渊,有太仆寺丞宋捷者,掌出纳行在军储,迎谒道左。太宗见其姓名,喜,以为我师有必捷之兆。车驾将至,令语攻城诸将曰:'我端午日,当置酒高会于太原城中。'至癸未,继先降,乃五月五日也。"

作门帖

皇朝岁时杂记:"学士院端午前一月,撰皇帝、皇后、夫人阁门帖子,送后苑作院用罗帛制造,及期进入。先是诸公所撰,但宫词而已,及欧阳修学士,始伸规谏。皇帝阁曰:'佳辰共喜沐兰汤,毒冷何须采艾禳①。但得皋陶调鼎鼐②,自然灾殄变休祥③。'又曰:'楚国因谗逐屈原,终身无复入君门。愿因角黍询遗俗,可鉴前王惑巧言。'后人率皆效之。春日亦然。民间以朱书诗或符咒作门帖。"

①毒冷何须采艾禳:"冷",欧阳修全集卷八三端午帖子词皇帝阁六首之五作"诊",此误。

②但得皋陶调鼎鼐:"皋陶",同上书作"皋夔"。

③自然灾殄变休祥:"殄",同上书作"祲"。

纳贡献

汉食货志^①："端五,四方贡献至数千万者,加以恩泽,而诸道侈靡以自媚。"

①汉食货志:此处所言实乃唐事,非两汉事,此误。按,新唐书食货志一:"然帝性俭约,身所御衣,必浣染至再三,欲以先天下。然生日、端午,四方贡献至数千万者,加以恩泽,而诸道尚侈丽以自媚。"

荐衣扇

唐礼志："天宝二年,诸陵常以五月五日荐衣扇。"

借裙襦

唐旧史："万年县法曹孙伏伽上表曰:'近太常于民间借妇女裙襦,以充妓女衣,拟五月五日玄武门游戏,非所以为子孙法也^①。'"

①非所以为子孙法也:旧唐书作"非贻厥子孙谋,为后代法也"。按,旧唐书孙伏伽传:"近者,太常官司于人间借妇女裙襦五百馀具,以充散妓之服,云拟五月五日于玄武门游戏。臣窃思审,实损皇猷,亦非贻厥子孙谋,为后代法也。"

宠妃子

天宝遗事："五月五日,明皇避暑游兴庆池,与妃子寝于水殿中。宫嫔辈凭栏倚槛,争看雌雄二鸂鶒戏于水中。帝时拥妃子于消金帐内,谓宫嫔曰:'尔等爱水中鸂鶒,争如我被底鸳鸯。'"

惑从婢

北齐史:"冯小怜,太穆后从婢也[1]。文襄王五月五日进之,号曰'续命'。能弹琵琶,工歌舞。后主惑之。齐亡,周武以赐代王达。达妃李氏,为小怜所谮,几死。隋文以赐达妃兄李询,询令着裙配春。"

[1]太穆后从婢也:"太",按北史后妃下冯淑妃传作"大",中华书局点校本校勘记引张森楷说:"齐无小穆后,何以得称大,疑'大'乃'本'之讹。"

生贤嗣

异苑:"田文母,五月五日生文,父敕令勿举之,后母私举。文长成童,以实告之,遂启父曰:'不举五月子何?'父曰:'生及户,损父。'文曰:'受命于天,岂受命于户。若受命于户,何不高其户,谁能至其户耶!'父知为贤嗣[1]。齐封孟尝君。俗以五月为恶月,故忌。"

[1]父知为贤嗣:太平御览卷三一引异苑作"父知贤,为嗣",此误。

兴吾宗

宋略:"王镇恶以五月五日生,家人欲弃之。其祖猛,曰:'昔孟尝君以此日生,卒得相齐。此儿必兴吾宗。'以镇恶名之。"

举犹子

西京杂记:"王凤以五月五日生,其父欲不举,曰:'俗谚,举此日子,长及户则自害,否则害其父母。'其叔父曰:'昔田文亦以此生,其父婴敕其母曰勿举,其母窃举之。后为孟尝君,号其母为"薛公大家音姑"。以古事推之,非不祥也。'遂举之。"黄朝英诗云:"孟尝此日钟英气,王凤今朝袭庆源。"

托胡姓

小说:"胡广,本姓黄,以五月五日生,父母恶之,藏之胡卢,弃之河流,岸侧居人收养。及长,有盛名,父母欲取之。广以为背其所生则不义,背其所养则忘恩,两无所归。托胡卢而生也,乃姓胡名广。后七登三司,有'中庸'之号。"

号万回

传灯录①:"万回法云公,虢州阌乡人。俗姓张氏。初,母祈于观音像而妊,回以唐贞观六年五月五日生。始在弱龄,笑敖如狂,八九岁方能言。<u>回</u>兄戍役于<u>安西</u>，音问隔绝。父母谓其诚死矣，日夕涕泣而忧思焉。<u>回</u>顾感念之甚，忽长跪而言：'涕泣岂非忧兄耶？'父母且疑且信，曰：'然。'<u>回</u>曰：'详思我兄所要者，衣装、糗粮、扉履之属，请悉备焉，某将往观之。'忽一日，朝赍所备而往。夕返其家，告父母曰：'兄善矣。'发书视之，乃兄迹也，一家异之。<u>弘农</u>抵<u>安西</u>万馀里，以其万里而回，故号曰万回和尚。先是<u>玄奘法师</u>向佛国取经，见佛龛题柱曰：'菩萨万回，向<u>阌乡</u>地教化②。'或笑，或骂，或击鼓，言事必验。<u>太平公主</u>为造宅于己宅之右。<u>则天武后</u>临朝，遂以锦袍玉带赐公。"其事又出<u>谈宾录</u>及<u>两京记</u>。<u>东坡</u>以玉带施元长老次韵云："锦袍错落真相称，乞与佯狂老万回。乞，去声。"

①传灯录：<u>宋释道原景德传灯录</u>卷二七有万回法云公传，然此处所引文字与彼迥异。按<u>太平广记</u>卷九二"万回"条，其出处谓"出<u>谈宾录</u>及<u>两京记</u>"，而本条下文亦言"其事又出<u>谈宾录</u>及<u>两京记</u>"，由此可证，本条当转录自<u>广记</u>，实非<u>景德传灯录</u>。

②向阌乡地教化：同上书句前有"谪"字。

取团玉

<u>西域记</u>："于<u>阗国</u>有<u>玉池</u>，每以端午日，王亲往取玉。自王以下至庶人，皆取之。每取一团玉，以一团石投之。"

沥神水

<u>金门岁节</u>："端五日午时有雨，则急斫竹一竿。竹节中必有神

水,沥取,獭肝为丸,治心腹积聚病。"

送术汤

岁时杂记:"端五京师道士画符,作术汤送遣。僧寺惟送团粽、扇子。"

掘韭泥

岁时杂记:"端五日正午时,韭畦,面东不语,取蚯蚓粪,干收之,谓之六乙泥。或为鱼刺所梗,以少许擦咽外,刺即时自能消散。"

炼草灰

本草云:"百草灰,主腋臭及金疮。五月五日,采乘露草一百种。阴干,烧作灰,以井华水为团,重烧令白,以酽醋和为饼,腋下挟之,干即易,当抽一身痛闷。疮出即止,以小便洗之,不过三两度。又主金疮,止血生肌。取灰和石灰为团,烧令白,刮傅疮上。"

制艾煎

荆楚岁时记:"宗士炳之孙则,字文度,常以五月五日鸡未鸣时采艾,见似人处,揽而取之,用炙有验①。"又仇池笔记云:"端午日,日未出时,以意求艾似人者,采之以炙,殊效。一书中见之,忘其何书也。又未有真似人者,于明暗间以意命之而已。"又千金方云:"五月五日取艾,七月七日日未出时取麻花等分,合捣作炷,炙诸瘘②,百壮即差。"又本草云:"五月五日采艾,曝干作煎,勿令见风,经久可用。"

①用炙有验:"炙",太平御览引荆楚岁时记作"灸",此误。按,御览卷三一引玉烛宝典:"五月五日采艾,悬于户上,以禳毒气。按荆楚岁时记云:'宗则字文度,常以五月五日未鸡时采艾,见似人处,揽而取之,用炙有验。'"

②炙诸瘘:"炙",备急千金方卷六九作"灸",此误。

膏桃人

古方:"用桃人一百个,去皮尖,于乳钵中细研,不得犯水。候成膏,入黄丹三钱,丸如梧桐子大。每服三丸,当发日,面北,用温酒吞下,不饮酒,井花水亦得。五月五日午时合,忌鸡、犬、妇人见之,大治痁疾。"

烧葵子

四时纂要:"端五日,取葵子,烧作灰。有患石淋者,亟以水调方寸服,立愈。"

粉葛根

图经本草:"五月五日午时,采葛根,暴干。以入土深者为佳,今人多以作粉食之,甚益人。"神农本草云:"葛根^①,一名鸡齐根,一名鹿藿,一名黄斤,生汶山川谷。"陶隐居云:"端五日,日中时,取葛根为屑,疗金疮,断血为要药,亦疗疟及疮。"

①葛根:证类本草有"花"字。按,证类本草卷八"葛根"条下别云:"花,主消酒。一名鸡齐根,一名鹿藿,一名黄斤,生汶山川谷。"

采菊茎

食疗云:"甘菊平,其叶正月采,可作羹。茎五月五日采,花九月九日采,并主头风目眩泪出,去烦热,利五脏。野生苦菊,不可用。"又提要录云:"端午采艾叶,立冬日采菊花叶,烧灰,沸汤泡,澄清洗眼,妙。"

浸糯米

灵苑方:"治金疮、水毒及竹木签刺、痈疽、热毒等,糯米二升,拣去粳米,入瓷盆内。于端五前四十九日,以冷水浸。一日两度换水,轻以手淘转,逼去水,勿令搅碎。浸至端五日,乃取出阴干。生绢袋盛,挂当风处。旋取少许炒,令焦墨,碾为末。冷水调如膏药,随大小裹定疮口外,以绵绢包定,更不要动,直候疮愈。若金疮误犯生水,疮口作脓,赤肿渐甚者,急以药裹定,一二日久,其肿处已消,更不作脓,直至疮合。若痈疽、毒疮初发,才觉疼痛赤热,急以药膏贴之,疼痛肿毒一夜便消。喉闭及咽喉肿痛叱腮,并用药贴项下肿处。竹签刺者,临卧贴之,明日看其刺出在药内。若贴肿处,干即换之,常令湿为妙。惟金疮及水毒不可换,恐伤动疮口。"

弃榴花

岁时杂记:"人目眚赤者,五月五日,以红绢或榴花及红赤之物拭目而弃之,云得之者代受其病。"

剪韭叶

琐碎录:"端五日午时,剪韭叶,和石灰捣作饼,晒干,大能治扑损刀伤疮口,并蜂虿蜈蚣之毒。又云取百草头一斤、韭五斤捣灰。"

调苋菜

食疗云:"苋菜,一名莫实。五月五日,采苋菜,和马齿为末[1],等分与调,孕妇服之易差[2]。"但未知治何病。又云:"苋菜与鳖肉同食,生鳖症[3]。"又云:"取鳖甲如豆大者,以苋菜封裹之,置于土坑内,以土盖之,一宿,尽变成鳖儿。"

①和马齿为末:"马齿",证类本草卷二七"苋实"条引食疗本草作"马齿苋",此误。

②孕妇服之易差:"差",同上书作"产"。

③生鳖症："症"，同上书作"瘕"。

刈葈耳

千金翼方："五月五日午时，刈地葈私以反。耳叶，多取阴干，着大瓮中。此草辟恶，若省病问疾，服此而往，则无所畏。服法：为末，酒服方寸匕。若时气不和，举家服之，并杀三虫。肠痔，进食周年，服之佳。七月七、九月九，亦可采用。"本草云："葈耳实，久服耳目聪明，轻身强志。胡葈，一名地葵，一名常思，许人谓之卷耳，生安陆川谷。"

取木耳

千金翼方："端五日，采桑上木耳白如鱼鳞者。患喉痹，即以碎锦裹如弹丸，蜜浸，含之便差。"

服龙芮

本草："石龙芮，人服轻身不老①，令人皮肤光泽。有子，一名鲁果能，一名地椹，一名天豆，一名彭根，生太山川泽石边。五月五日采子，二月八日采皮，阴干。"尔雅云："芨，堇草。"郭璞注云："乌头苗也。"苏恭注云："天雄是石龙芮，叶似堇草。"

①人服轻身不老："人"，证类本草卷八"石龙芮"条作"久"，此误。

干𧉫舌

本草:"𧉫舌,味辛微温,无毒,主霍乱腹痛,吐逆心烦。生水中,五月采。"陶隐居云:"生小水中,五月五日采,干。以疗霍乱,良也。"

挂商陆

图经本草:"商陆,俗名章柳,唯生咸阳山谷。今处处有之,多生于人家园圃中。春生苗,高三四尺。叶青,如牛舌而长。茎青赤,至柔脆。夏秋开红紫花作朵。根如芦菔而长。五月五日采根,竹篚盛,挂屋东北角阴干。百日,捣筛,井花水调服,云神仙所秘法。喉中卒被毒气攻痛者,切根炙令热,隔布熨之,冷辄易,立愈。"

荐汉术

养生要集:"术,味甘苦小温,生汉中、南郑山谷。五月五日采用。"王沂公作太皇太后阁端五帖子云:"更闻天子孝,荐术助长生。"章简公端五帖子云:"术荐神仙饵,菖开富贵花。"

收蜀葵

四时纂要:"端五日,收蜀葵,赤、白者,各收阴干,治妇人赤白带下。为末,酒服,赤者治赤,白者治白,大妙。"

屑地菘

陶隐居诀:"有一草,似狼牙,气辛臭,名地菘,人呼为刘楬音获。草①。五月五日采,干作屑,主疗金疮。言刘楬昔采用之耳。"

①人呼为刘楬草:"刘楬",异苑作"刘橛",此误。下同。按,太平御览卷九九四引异苑:"青州刘楬(音获),元嘉初,射得一獐,割五脏,以草塞之,蹶然起走。楬怪而拔塞,便复还倒。如此三焉。楬密录此种求类("求类"原作"以来",今据御览卷九○七引异苑改),其治伤痍多愈。"

晒白矾

琐碎录:"端五日,取白矾一块,自早日晒至晚,收之。误为百虫所啮,即以此物傅之,立效。"

丸青蒿

岁时杂记:"五月五日,采青蒿,捣石灰,至午时,丸作饼子收蓄。凡金刃所伤,碾末傅之,甚妙。"

种独蒜

本草:"葫,味辛,有毒,除风邪,杀毒气。"图经曰:"葫,大蒜也。家园所莳,每头六七瓣。初种一瓣,当年便成独子葫。至明年,则复其本矣。然其花中有实,亦葫瓣状而极小,亦可种之,五月五日采","后魏李道念病[1],褚澄视之,曰:'公有重病。'答曰:'旧有冷痰,今五年矣。'澄诊之曰:'非冷非热,当时食白瀹鸡子过多。'今取蒜一头煮之[2],服药,乃吐一物如升,涎唾裹之,开看,乃鸡雏,翅羽头爪齐全。澄曰:'未尽。'更服药,再吐十二头,后乃愈。"

[1]后魏李道念病:此下见于证类本草卷二九"葫"条引录,然仅以"后魏"二字领起,未注出处。按,太平御览卷七二三引齐书:"褚澄字彦道,建元中,为吴郡太守。百姓李道念以事到郡,澄见,谓曰:'汝有重病。'答曰:'旧有冷病,至今五年,众医不差。'澄为诊脉曰:'汝病非冷热,当是食鸡子过多所致。'令取蒜一斗煮之。服一服,乃吐一物如升许,涎裹之而动。开视,乃鸡雏十二头。而病都愈。"褚澄,南齐书卷二三、南史卷二八遂有传,李道念医病事今见南史,则此言"后魏"误也。

[2]今取蒜一头煮之:"今",同上书作"令"。

食小蒜

本草:"小蒜,味辛温,有小毒,主霍乱。"图经曰:"生田野中,根苗皆如葫,而极细小者是也。五月五日采。'陶隐居云:'小蒜生叶[1],可煮和食。'黄帝云:'不可久食,损人心力。食小蒜,啖生鱼,令人夺气。'"

[1]小蒜生叶:证类本草卷二九"蒜(小蒜也)"条引图经本草句后有"时"字。

汁葫荽

必效方:"葫荽,味辛温,石勒讳'胡',并、汾人呼为香荽,主虫毒,神验。以根绞汁半升,和酒服之,立下。又治诸石热气结滞,经年数发,以半斤五月五日采阴干,水七升,煮取三升①,去滓分服,未差更服。春夏叶,秋冬根茎并用,亦可预备之。"

①煮取三升:"三升",证类本草卷二七"胡荽"条引必效方作"一升半"。

灰苦芙

食疗云:"苦芙,音躑。微寒,生食,治膝疮。五月五日采,暴干作灰,傅面目通身漆疮。不堪多食。"陶隐居云:"五月五日采,暴干,烧作灰,以疗金疮,甚妙。"

羹蘩蒌

陶隐居云:"蘩蒌,音缕。菜人以作羹。五月五日采,暴干,烧作屑,疗杂疮及主积年恶疮不愈者,立效。亦可杂百草取之,不必止此一种尔。"衍义曰:"蘩蒌与鸡肠草一物也,今虽分之为二,其鸡肠草中独不言性,故知一物也。鸡肠草,春开花如菉豆大,茎叶如园荽。初生则直,长大即覆地,小户收之为菹食也。乌髭发。"又食疗云:"温,作菜食之,益人。治一切恶疮,捣汁傅之。五月五日者,验。"

摘苤苢

　　本草：“车前子，一名苤苢，一名虾蟆衣。五月五日采，阴干。仙经云：‘服饵令人身轻，能跣越岸谷①，不老而长生。’”欧阳文忠公尝得暴下②，国医不能愈。夫人云：“市人有此药，三文③，甚效。”公曰：“吾辈脏腑与市人不同，不可服。”夫人买药，以国医杂进之，一服而愈。后公知之，召卖药者厚遗之。问其方，久之乃肯传。但用车前子一味为末，饭饮下二钱，七云④：“此药利水道而不动气，水道清浊分，谷脏自止矣。”

　　①能跣越岸谷：“跣”，证类本草卷六“车前子”条引“陶隐居云”作“跳”，此误。

　　②欧阳文忠公尝得暴下：此下文字失注出处，实见于同上书引治泻(方)，亦见于苏沈良方(宋苏轼、沈括撰)卷六暴下方。

　　③三文：证类本草卷六“车前子”条引治泻(方)句后有“一帖”二字。

　　④七云：“七”，属上读，同上书作“又”，此误。

啖苁蓉

　　本草：“肉苁蓉，强阴益精多子。五月五日采，阴干。”陶隐居云：“代郡雁门属并州多马处便有，言野马精落地所生。生时似肉，以作羊肉羹，补虚乏，极佳。亦可生啖。”本经云“五月五日采”，恐已老不堪用，故多三月采之。

制豨莶

　　成讷为江陵府节度使,进豨莶丸方^①:"臣有弟詝,年三十二^②,中气伏床枕^③,几五年,医不差。有道人钟计者^④,因睹此患,曰:'可饵豨莶丸,必愈。'其药多生沃壤,高三尺许,节叶相对,当夏五月已来收。每去地五寸剪刈,以温水洗泥土,摘其叶及枝头。凡九蒸九曝,不得太燥。但取足为度,仍熬捣为末,丸如桐子大,空心温酒或米饮下二三十丸。服至二千丸,所患忽加,不得忧虑,是药攻之力。服至四千丸,必得复故,五千丸,当复丁壮。臣依法修合,与詝服,果如其言。钟计又言:'此药与本草所述,功效相异,盖出处盛在江东,彼土人呼猪为豨,呼臭为莶气,缘此药如豨莶气,故以为名。但经蒸暴,莶气自泯。每当服后,须喫饭三五匙压之。五月五日采者佳。'"奉宣付医院详录收采。见天贶节^⑤。

　　①进豨莶丸方:证类本草卷一一"豨莶"条引"成讷云"同,而本草纲目卷一五"豨莶"条引作"江陵节度使成讷进豨莶丸方表"。

　　②年三十二:"三十二",证类本草卷一一"豨莶"条引作"三十一",本草纲目卷一五"豨莶"条引作"二十一"。

　　③中气伏床枕:"中气",同上二书作"中风",此误。

　　④有道人钟计者:"钟计",同上二书作"钟针",此误。

　　⑤见天贶节:本书卷二四朝节有"服豨莶"条。

相念药

　　投荒录:"有在番禺逢端午,闻街中喧然卖相念药声,讶笑召之^①,乃蛮媪荷揭山中异草,鬻于富妇人为媚男药,用此日采取如神。"又云:"采鹊巢中获两小石,号鹊枕。此日得之者,令妇人遇之,有抽金簪、解耳珰以偿其直者。"

①讶笑召之:"召",太平广记卷四八三"番禺"条引投荒录作"观"。

相爱药

本草云^①:"无风独摇草,带之使夫妻相爱。生岭南,头如弹子,尾若鸟尾,两片开合,见人自动,故曰独摇草。""按广志云^②:'生岭南,又云生大秦国。'陶朱术^③,云五月五日采,诸山野往往亦有之。"又图经云:"此草即独活苗也,出雍州山谷,或陇西南安。今蜀汉者佳。此草得风不动,无风自动,故一名独摇草。"

①本草云:此称当指神农本草经本经,而"无风独摇草"实见于证类本草卷六所附"四十六种陈藏器馀",即唐陈藏器本草拾遗,故此称未确。

②按广志云:据证类本草卷六,此下引文当出海药本草。按,证类本草卷六"无风独摇草"条引唐李珣海药本草:"谨按:广志云:'生岭南,又云生大秦国。'性温平,无毒,主头面游风,遍身痒。煮汁淋蘸。陶朱术,云五月五日采,诸山野往往亦有之。"

③陶朱术:证类本草又引作"桃朱术"或"陶珠术"。按,证类本草卷六引"四十六种陈藏器馀":"桃朱术,取子带之,令妇人为夫所爱。生园中,细如芹,花紫,子作角。以镜向旁敲之,则子自发,五

月五日收之也。"又同上书卷一〇"青葙子"条引萧炳四声本草："又一种花黄者,名陶珠术,苗相似。"

相喜药

本草云："桃朱术,取子带之,令妇人为夫所爱喜。生园中,细如芹,花紫,子作角。以镜向旁敲之,则子自发,五月五日收之。"

能饮药

千金方："五月五日,采小豆花叶,阴干,末服之。"又云："五月五日,取井中倒生草枝,阴干,末,酒服之,并治饮酒,令人不醉。"又本草云："河边木,令人饮酒不醉。五月五日,取七寸投酒中,二遍饮之,必能饮也。"

不忘药

千金翼方："常以五月五日,取东向桃枝,日未出时,作三寸木人着衣带中,令人不忘事。"

急中药

经验方："治急中风,目瞑牙噤,无门下药者,以中指点散子,揩齿二三十,揩大牙左右,其口自开,始得下药,名开关散。白龙脑、

天南星等分①,乳钵研为细末,用五月五日午时合。患者只用一字
至半钱。"

①白龙脑天南星等分:证类本草卷一一"天南星"条引经验方
作"天南星捣为末,白龙脑二件,各等分"。

丁根药

本草:"断罐草,合羊蹄菜、青苔、半夏、地骨皮、蜂窠、小儿发、
绯帛,并等分,作灰①。五月五日,和诸药末,服一钱匕,丁根出也。"

①作灰:证类本草卷一〇"断罐草"条引陈藏器本草拾遗句前
有"烧"字。

金疮药

林氏传信方:"五月五日平旦,使四人出四方,各于五里内,采
一方草木茎叶,每种各一握,勿令漏脱一事。日正午时,细切碓捣,
入石灰,极令烂熟。一石草,一斗石灰。先凿桑树,令可受药,取药
内孔中,筑令坚,仍以桑树皮蔽之,别以麻捣石灰极密泥之,令不泄
气,又以桑皮缠之。至九月九日午时取出,阴干。百日药成,捣之,
日暴令干,更捣,绢筛贮之。凡一切金疮伤折出血,登时以药封裹,
治使牢,勿令动转,不过十日即瘥。虽突厥质汁黄末①,未能及之,
名金疮大散。"

①虽突厥质汁黄末:"质汁黄",备急千金方(唐孙思邈撰)卷

七八<u>治金疮大散方</u>、<u>普济方</u>(<u>明朱橚</u>撰)卷三〇二<u>百草散</u>作"质汗黄",此误。

采杂药

<u>荆楚岁时记</u>:"五月五日,竞采杂药,可治百病。"又本草所载,收药多以五日。<u>颍滨</u>作<u>帝阁端五帖子</u>云:"灵药收<u>农录</u>,薰风拂<u>舜</u>琴。"

春百药

<u>四时纂要</u>:"端五日,采百药苗,以品数多为妙。不限分两,春取自然汁,和石灰三五升,脱作饼子,曝干。治一切金疮,血立止,兼治小儿恶疮。"

合诸药

<u>琐碎录</u>:"五月上辰,及端午日、腊日、除日前三日,合药可久,不歇气味。"

曝人药

<u>提要录</u>:"五月五日晴,人曝药,岁无灾。雨,则鬼曝药,人多病。此<u>闽中</u>谚语。"

焚故药

岁时杂记:"端五日午时,聚先所蓄时药,悉当庭焚之,辟疫气。或止烧术。"

岁时广记

卷二十三

端 午

进龙镜

异闻集:"唐天宝中,扬州进水心镜一面,青莹耀日,背有盘龙,势如飞动,玄宗览而异之。进镜官扬州参军李守泰白:'铸镜时,有老人,自称姓龙①,鬓须皓白,眉垂肩,衣白衣。有小童衣黑衣,呼为玄冥,至镜所,谓镜匠吕晖曰:"老人解造真龙镜,为汝铸之,将惬帝意。"遂令玄冥入炉所,扃户三日。户开,吕晖等搜觅,已失龙护及玄冥所在,炉前获素书一纸,云:"开元皇帝圣通神灵,吾遂降祉。斯镜可辟众邪,鉴万物,秦皇之镜无以加焉。歌曰:盘龙盘龙,隐于镜中。分野有象,变化无穷。兴云吐雾,行雨生风。上清仙子,来献圣聪。"吕晖等移炉,以五月五日,于扬子江心铸之。'后大旱不雨,叶法善祠镜龙于凝阴殿,须臾,云气满殿,甘雨大澍。"酉阳杂俎云:"僧一行,开元中,尝旱,玄宗祈雨。一行曰:'当持一器,上有龙状者,方可致之。'命于内府遍视,皆言不类。后指一镜鼻盘龙,喜曰:'此真龙矣。'持入道场,一夕而雨。或云是扬州所进,初模范时,有异人至,请闭户入室,数日开户,模成,其人已失。有图并传,见行于世。此镜,五月五日于扬子江江心铸之者。"又李肇国史补云:"扬州旧贡江心镜,五月五日扬子江心所铸也。或言无百炼者,六七十炼则止,易破难成,往往有鸣者。"

①自称姓龙:太平广记卷二三一"李守泰"条引异闻录句后有"名护"二字。此处如无其名,则下文称"龙护"便无来历。

撰阁帖

容斋五笔云:"唐世五月五日扬州于江心铸镜以进,故国朝翰苑撰端午帖子词,多用其事。然遣词命意,工拙不同。王禹玉云:'紫阁瞳昽隐晓霞,瑶墀九御荐菖华。何时又进江心鉴,试与君王却众邪。'李邦直云:'艾叶成人后,榴花结子初。江心新得镜,龙瑞护仙居。'赵彦若云:'扬子江中方铸镜,未央宫里更飞符。菱花欲共朱灵合,驱尽神奸又得无。'又云:'扬子江中百炼金,宝奁疑是月华沉。争如圣后无私鉴,明照人间万善心。'又云:'江心百炼青铜镜,架上双纫翠缕衣。'李士美云:'何须百炼鉴,自胜五兵符。'傅墨卿云:'百炼鉴从江上铸,五时花向帐前施。'许冲元云:'江中今日成龙鉴,花外多年废鹭陂。合照乾坤共作镜,放生河海尽为池。'苏子由云:'扬子江中写镜龙,波如细縠不摇风。宫中惊捧秋天月,长照人间助至公。'大概如此。唯东坡不然,曰:'讲馀交翟转回廊,始觉深宫夏日长。扬子江心空百炼,只将无逸鉴兴亡。'其辉光气焰,可畏而仰也。若白乐天讽谏百炼镜篇云:'江心渡上舟中铸,五月五日日午时。背有九五飞天龙，人人呼为天子镜。'又云：'太宗但以人为镜，监古监今不见容①。乃知天子别有镜，不是扬州百炼铜。'用意正与坡合。予亦尝有一联云：'愿储医国三年艾，不博江心百炼铜。'然去之远矣。端午故事，莫如楚人竞渡之的，盖以其非吉祥，不可施诸祝颂，故必用镜事云。"

①监古监今不见容："见容"，容斋随笔五笔卷九"端午帖子词"条作"监容"，此误。

服金丹

神仙感异传："唐相国卢公钧为尚书郎，以疾出为均州刺史。常于郡后山斋独处，忽见一人，衣饰弊故，逾垣而入。自言姓王，从山中来，谓公曰：'公之贵，当位极人臣，而寿不永，故相救尔。'以腰巾蘸于井中，解丹十粒，捩腰巾之水，俾公咽之。明年，公解印还京，复见，王曰：'君今年第二限终，为灾极重，以公雪冤狱，活三人之命，灾已息矣。后二十三年五月五日午时，可令一道士，于万山顶相助①。此时公节制汉土，当有月华相授，勿忽期也。'公后出领汉南，及期，命道士牛知微登万山顶寻约，而王已先在，遂以金丹十粒，令授于公，倏尔不见。公服之，年九十馀，耳目聪鉴，气力不衰。"

①于万山顶相助："助"，太平广记卷五四"卢钧"条引神仙感异传作"候"，此误。

除铁使

逸史:"王播,少贫贱,居扬州,无人知识,唯一军将常接引供给,无不罄尽。杜仆射亚领盐铁在淮南,端午日,盛为竞渡之戏,诸州征异乐,两县争胜负,彩楼看棚,照耀江水,数十年以来未之有也。凡扬州之客,无贤不肖尽得预焉,唯王公不招。惆怅自责,军将曰:'某有棚一座,子弟悉在彼,但于棚内看,却胜居盘筵间也。'王公曰:'唯。'遂往棚。时夏初,日方热,军将令送酒一榼,王公自酌将尽,棚中日色转热,酒酣昏惫,遂就枕。才睡,梦身在宴处,居杜之坐,判官在下。良久,惊觉,亦不敢言于人。后为宰相,将除淮南盐铁使,敕久未下,因召旧从事语之曰:'某淮南盐铁定矣①。'数日,果除到,乃符昔年之梦。时五月上旬也。"

①某淮南铁定矣:太平广记卷二七八"王播"条引逸史作"某淮南盐铁,此必定矣"。

诛幻僧

仙传拾遗:"叶法善字道元,处州松阳县人。四代修道,皆以阴功密行及劲召之术,救物济人。初,师居四明之下,天台之东,数年。忽于五月一日,有老叟诣门,号泣求救,门人谓其有疾也。师引而问之,答曰:'某东海龙也,大帝所敕①,主人海之宝②,一千年一更其任,无过者超证仙品。某已九百七十年,微积垂成。有婆罗门逞其幻法③,住于海峰,昼夜梵咒,积三十年,其法将成,海水如云,卷在半天,五月五日,海将竭矣。统天镇海之宝,上帝制灵之物,必为幻僧所取。五日午时,乞以丹符相救。'至时,师敕丹符,飞往救之,海水仍旧。胡僧愧叹,赴海而死。明日,龙辇宝货奇珍来以报师。师曰:'林野之中,栖神之所,不以珠玑宝货为用。'一无所取。因谓龙曰:'此崖石之上,去水且远,但致一清泉,即为惠也。'是夕,闻风雨之声,及明,绕山斋四面,成一道石渠,泉水流注,终冬不竭,至今谓之天师渠。"

①大帝所敕:"大帝",太平广记卷二六"叶法善"条引仙传拾遗作"天帝",此误。

②主入海之宝:"入",同上书作"八"。

③有娑罗门逞其幻法:"娑罗门",同上书作"婆罗门",此误。

碎鬼宅

广异记:"赵州卢参军,其妻甚美。罢官还都,五月五日,妻欲之市,求续命物,上舅姑。车已临门,忽暴心痛,食顷而卒。卢往见正议大夫明崇俨,扣门甚急。崇俨惊曰:'端午日,款关而厉,是必有急。'遂趋而出,卢乃拜以闻,崇俨云:'此泰山三郎所为。'遂书三符以授卢:'还家,可速烧第一符。如人行十里许,不活,更烧其次。若又不活,更烧第三符。横死必当复生,不来必死矣。'卢还家,如言烧符,其妻遂活。顷之能言,云:'初被车载至太山顶,别有宫室,见一少年,云是三郎。侍婢十馀人①,拥入别室。侍妆甫毕,三郎在堂前伺候,方拟宴会。有顷,闻人款门,云:"上隶功曹奉都使处分②,问三郎何以取卢家妇,宜即遣还。"三郎怒呵功曹令去。须臾,又闻款门,云:"是直符使者,都使令取卢夫人。"又不听。寻有疾风,吹黑云从山顶来,二使唱言:"太乙直符至矣。"三郎有惧色,忽卷宅,高百馀丈。放之,人物糜碎,唯卢妻获存。二使送还,至家,见身卧床上,意甚凄怅。被人推入形,遂活。'"

①侍婢十馀人:太平广记卷二九八"赵州参军妻"条引广异记句前有"令"字。

②上隶功曹奉都使处分:"上隶功曹",同上书作"上利功曹"。

寻父尸

东汉烈女传①:"孝女曹娥者,会稽上虞人。父盱,能弦歌,为巫竞②。汉安二年五月五日,于县江溯涛婆娑迎神,溺死,不得其尸。娥年十四,乃沿江号哭,昼夜不绝声,旬有七日,遂投江而死。至元嘉元年,县长度尚改葬娥于江南道旁,为立碑焉。"会稽典刑录云:"曹娥投江死,三日后,与父尸俱出。"

①东汉烈女传:"烈女传",按,后汉书卷八四作"列女传"。

②为巫竞:"竞",同上书作"祝",此误。

知人命

王明清挥麈录:"姚宏字令声,越人也。宣和中,在上庠,有僧妙应者,能知人休咎,语宏云:'君不得以命终,候端午日,伍子胥庙中见榴花开,则奇祸至矣。'宏初任监杭州税,三年不敢登吴山。后知衢州江山县,将赴官,来谒帅宪。既归,出城数里,值大风雨,亟憩路旁一小庙中。见庭下榴花盛开，询诸祝史，云：'此伍子胥庙。'其日乃五月五日，宏惨然登车。未几，追赴大理，死狱中。先是宏尝语人曰：'世所传秦丞相上书黏罕，乞存赵氏，其书与赍来者大不同，更易其语，以掠其美名。'秦闻之，大怒。会宏在江山，当时亢旱，有巡检者，能以法致雨，试之果然。邑民讼其以妖术惑众，由是追赴棘寺，遂罹其酷。"

剪佛须

细素杂记："刘公喜说云：'晋谢灵运须美，临刑，施于南海祇洹寺，为维摩诘像须，寺人保惜，略不亏损。中宗朝，安乐公主端五日斗草，欲广获其物色，令人驰驿取之。又恐为他人所得，因剪弃其馀，今遂绝。'又见国史纂异。"东坡诗云："犹胜江左狂灵运，共斗东昏百草须。"苏子由诗云："长叹灵运不知道，强剪美髭插两颧。"

绝妖怪

广异记："唐贺兰进明为御史，在京。其兄子庄，在睢阳，为狐所媚。每到时节，狐新妇恒至京宅，通名起居，兼持贺遗及问讯。家人或有见者，状貌甚美。至五月五日，自进明已下，至于仆隶，皆有续命物。家人以为不祥，多焚其物。狐悲泣云：'此并真物，如何焚之？'其后所得，遂以充用。后家人有就狐乞漆背金花镜者，狐入人家偷镜挂项，缘墙而行，为主人家击杀，自尔怪绝。"

溺狐媚

广异记:"唐宋州刺史王璿,少时仪貌甚美,为牝狐所媚。家人或有见者,风姿端丽,虽僮幼遇之者,必敛容致敬。自称新妇,答对皆有理,由是人乐见之。每至端午及佳节,悉有续命物馈送,云:'新妇上某郎某娘续命。'众人笑之,然所得甚众。后璿职高,狐乃不至。盖其禄重,物不得为怪。"

占雀鸣

唐书:"崔信明,益都人。以五月五日正午时生,有异雀数头,身形甚小,五色皆备,集于庭树,鼓翼齐鸣,其声清亮。太史良占曰①:'五月为火,火为离,离为文,日正中,文之盛也。又雀五色而鸣,此儿必文藻焕烂,名播天下。雀形既小,禄位殆不高耳。'及长,博闻强记,下笔成章。虽名冠一时,而位不达。"

①太史良占曰:"太史良",按,新、旧唐书崔信明传并作"太史令史良",此误。

滴蛇血

夷坚丁志:"河中府一客,以端午日,入农家乞浆,值其尽出刈麦。方小立,闻屋侧喀喀作声,趋而视之,则有蛇踞屋上,垂头檐间,滴血于盆中。客知必毒人者,默自念,吾当为人除害,乃悉取血置其家薾瓮中,诣邻舍以须。良久,彼家长幼负麦归,皆渴困,争赴厨饮庙汁。客饭毕,复过其门,则尽室死矣。"

戒牛肉

藏经:"每岁五月五日,瘟神巡行世间,宜以朱砂大书云'本家不食牛肉,天行已过,使者须知'十四字,贴于门上,可辟瘟疫。"盖不食牛肉之家,瘟神自不侵犯。今人多节去"本家不食牛肉"六字,只贴云"天行已过,使者须知"八字,遂使藏经语意不全。

饲蜥蜴

汉武内传:"武帝以端午日取蜥蜴,置之器,饲以丹砂。至明年端五,捣之,以涂宫人之臂。有所犯则消没,不尔,则如赤痣,故得守宫之名。"张华博物志云:"蜥蜴,或名蝘蜓,以器养之,饲以朱砂,体尽赤。所食满七斤,捣万杵,点女人肢体,终身不灭,惟房室事则灭,故号守宫。东方朔奏武帝,用之有验。"淮南毕万术云:"取守宫辄合阴阳者①,以牝牡各藏之瓮中,阴干百日,以点女臂,则生文章。与男子合阴阳,则灭去也。"翰苑名谈云:"守宫,其形大概类蜥蜴,足短而加阔。亦有金色者,秦始皇时有人进之。云能守钥,人不敢窃发钥,故名守宫。或曰,以守宫系宫人之臂,守宫吐血污臂者,有淫心也,秦皇杀之。"又尔雅云:"蝾螈、蝘蜓、蜥蜴守宫,同为一物。"又陶、苏注本草云:"其类有四种:一大形纯黄为蛇医;次小形长尾,见人不动,名龙子;次小形而五色,尾青碧可爱,名蜥蜴,并不螫人。一种喜缘篱壁,名蝘蜓,形小而黑,乃言螫人必死,又名守宫。"李贺诗云："象房夜捣红守宫②。"李商隐诗云："巴西夜捣红守宫,后房点臂班班红。"刘筠宫词云："难消守宫血,易断鸾柱胶。"古宫词云："爱惜加穷袴,防闲托守宫。"

①取守宫辄合阴阳者:"辄",太平御览卷九四六"守宫"条引淮南万毕术、太平广记卷四七三"螳螂"条引感应经并作"新"。

②象房夜捣红守宫:"象",李长吉歌诗卷二宫娃歌作"花"。

捕蟾蜍

抱朴子内篇:"肉芝者,谓万岁蟾蜍,头上有角,目赤,颔下有丹书八字,体重而跳捷。以五月五日中时取之,阴干百日,以其足画地,即为流水。带其左手于身,辟五兵。若敌人射己,弓矢弩皆反还自射也。"又玄中记云:"食之者,寿千岁。"王氏神仙传云:"益州北平山上有白虾蟆,谓之肉芝。非仙方灵骨①,莫能致也。"又荆楚岁时记云:"五月五日,俗以此日取蟾蜍,为辟兵,六日则不中用。"故世云六日蟾蜍,起于此也。陈简斋诗云:"六日蟾蜍乖世用。"

①非仙方灵骨:"方",类说卷三王氏神仙传"王乔有三"条作"才"。

得啄木

荆楚岁时记云:"野人以五月五日得啄木货之,主齿痛。"古今异传云:"本雷公采药吏,化为此鸟。"淮南子云:"斫木愈龋,其信矣

乎?"又有青黑者①,头上有红毛,生山中,土人呼为山啄木,大如
鹝②。本草云:"啄木鸟,主痔瘘,治牙齿③、蟨蚛。烧为末,纳牙孔
中,不过三数。此鸟有小有大,有褐有斑,褐者为雌,斑者为雄,穿
木食蠹。尔雅云:'䳡,斫木。'"又深师方云:"治蛀牙有孔疼者,以
啄木鸟舌尖,绵裹,于痛处咬之。"

①又有青黑者:此下数句见于证类本草卷一九"啄木鸟"条,不
言出处,山堂肆考卷二一五"种有褐斑"条引之,出异物志。

②大如鹝:"鹝",同上二书并作"鹊"。

③治牙齿:证类本草卷一九"啄木鸟"条"齿"后有"疳"字。

羹枭鸟

汉史曰:"五月五日,作枭羹,赐百官。以其恶鸟,故以五日食
之。古者重枭炙及枭羹,盖欲灭其族类也。"岭表录异云:"鸺鹠即
鸱也,鬼车之属,亦名夜游女,辄鸣屋上则有咎。"荆楚岁时记云:
"闻之当唤狗耳。"又云:"鸮大如鸠,恶声,飞入人家,不祥。其肉
美,堪为炙。"故庄子云:"见弹思鸮炙。"又云:"古人重鸮炙,尚肥美
也。"说文云:"枭,不孝鸟,食母而后能飞。"东坡端五诗云:"和羹未
赐枭。"颖滨作太皇太后阁端五帖子云:"百官却拜枭羹赐,凶去方
知舜有功。"

养鹦鹆

零陵总记:"鹦鹆,人多养之。五月五日,去其舌尖则能语,声

尤清越,虽鹦鹉不能过也。"刘义庆幽明录云:"晋司空桓豁,在荆州,有参军五月五日剪鸜鹆舌教语,无所不能。后于大会,悉效人语声,无不相类者。时有参佐齆鼻,因内头瓮中效之。有主典盗牛肉,乃白参军:'以新荷叶裹置屏风后。'搜得,罚盗者。"僧虚中端午诗云:"菖蒲花不艳,鸜鹆性多灵。"

带布谷

北户录①:"布谷脚胫骨,令人夫妻相爱。五月五日收,带之各一,男左女右,置之水中,自能相随。江东呼为郭公,北人云拨谷,一名获谷。似鹞,长尾。"尔雅云鸣鸠②,注云:"今之布谷也。牝牡飞鸣,以羽相拂。"礼记月令云:"鸣鸠拂其羽。"

①北户录:今本北户录中未见有此布谷之说,疑此条本出陈藏器本草拾遗,见证类本草卷一九"二十六种陈藏器馀"。

②尔雅云鸣鸠:"鸣鸠",尔雅释鸟作"鸤鸠",此误。

破蝮蛇

本草:"蝮蛇胆,苦味,微寒①,有毒。主匿疮。五月五日取,烧地令热,置蛇其中,以酒沃之,足出。医家所用乃赤蟫黄颔,多在人家屋壁间吞鼠子、雀雏,见腹中大者,破取干之。"

①苦味微寒:"苦味",证类本草卷二二"蝮蛇胆"条作"味苦"。

进蛇胆

朝野佥载:"泉、建州进蚺蛇胆,五月五日取,时竖两柱,相去五六尺,系蛇头尾,以杖于腹下来去扣之,胆即聚,以刀刳取。药封放之,不死,后复更取。看肋下有痕,即放。"酉阳杂俎云:"蚺蛇胆,上旬近头,中旬在心,下旬在尾。"图经云:"出交、广七州,岭南诸州①。"药性论云:"蚺蛇胆,主下部虫,杀小儿五疳。"

①岭南诸州:图经本草句后有"有之"二字。按,证类本草卷二二"蚺蛇胆"条引图经本草:"蚺蛇胆,本经不载所出州土,陶隐居云出晋安,苏恭云出桂、广以南高、贺等州,今岭南州郡有之。"

取蛇蜕

本草:"蛇蜕,主小儿百二十种惊痫。一名龙子衣,一名蛇符,一名弓皮,生荆州川谷及田野。五月五日、十五日取之,良。"陈藏器云:"蛇蜕,主疟。取正发日,以蜕皮塞病人两耳,临发时,又以手持少许,并服一合盐醋汁,令吐也。"

食蛇肉

朝野佥载:"泉州有客卢元钦染大风,唯鼻根未倒。属五月五日,官取蚺蛇胆欲进,或言肉可治风,遂取一截蛇肉食之。三五日顿渐可,百日平复。又商州有人患大风,家人恶之,山中为起茅舍。有乌蛇坠酒罂中,病人不知,饮酒渐瘥,罂底见蛇骨,方知其由也。"

焚鹊巢

酉阳杂俎:"鹊构巢,取在树杪枝,不取堕地者。又传枝受卵,端五日午时,焚其巢炙病者①,其疾立愈。"

①焚其巢炙病者:"炙",酉阳杂俎续集卷八作"灸",此误。

用鹊脑

陶隐居秘诀:"五月五日,取雄鹊脑,入术家用,一名飞驳①。"

①一名飞驳:"飞驳",证类本草卷一九"雄鹊肉"条引"陶隐居曰"(即陶弘景本草集注)作"飞驳鸟"。

灰猪齿

本草:"猪齿,主小儿惊痫。五月五日取。"日华子云:"猪齿,治小儿惊痫,烧灰服,并治蛇咬。"

炼狗粪

外台秘要:"治马鞍疮,狗牙灰,醋和,敷之。又五月五日取牡狗粪,烧灰,数傅之,良。"

断鳖爪

提要录:"五月五日,取鳖爪著衣领中,令人不忘。"

烧鳝头

本草:"鳝头,味甘,大温,无毒。五月五日,取头骨烧之,止痢。"

捉虾蟆

神农本草:"虾蟆,一名苦蠪。五月五日,取东行者四枚,反缚,著密室中闭之。明旦启视,自解者,取为术用,能使人缚亦自解。烧灰,傅疮,立验。其筋涂玉①,刻之如蜡。"又药性论云:"端午,取虾蟆眉脂,以朱砂、麝香为丸,如麻子大。孩儿疳瘦者,空心一丸。如脑疳,以奶汁调,滴鼻中,立愈。"

①其筋涂玉:"筋",证类本草卷二二"虾蟆"条引"陶隐居曰"(即陶弘景本草集注)作"肪",此误。按,神农本草经疏卷二二"虾蟆"条亦引"陶隐居曰"。

蒸蜣蜋

本草:"蜣蜋,寒,有毒。主小儿惊痫。一名蛣蜣。五月五日取,蒸藏之。临用当炙,勿置水中,令人吐。"庄子云:"蛣蜣之智,在于转丸。"喜入粪中取屎丸,以脚推之,俗名推丸。当取大者,其类有三四种,以鼻头扁者为真。刘涓子云:"治鼠瘘:死蜣蜋,烧作末,苦酒和傅之,数过即愈。先以盐汤洗。"

埋蜻蜓

埤雅云："五月五日,取蜻蜓首,正中门埋之,皆成青珠。"又博物志云:"埋蜻蜓头于西向户下,则化成青色珠。"故类从曰①:"蜻蛉之首,瘗而为珠。"

①故类从曰:"故类从曰"云云,应接于"皆成青珠"下,亦宋陆佃埤雅所引,非晋张华博物志所有,此误。

取蝼蛄

四民月令:"五月五日,取蟾蜍,可合恶疽药。又取东行蝼蛄,治妇人难产。"

候蚯蚓

本草云:"螽螽、蚯蚓,二物异类同穴为雌雄,令人相爱。五月五日收取,夫妇带之。螽螽如蝗虫,东人呼为蚱蜢,有毒。有黑斑者,候交时取之。"

收鼠妇

本草云:"鼠妇,微寒,无毒,主气癃,不得小便,妇人月闭血瘕。生魏郡平谷及人家地上。五月五日取。"日华子云:"鼠妇虫,有毒,通小便,能堕胎。"

干伏翼

陈藏器本草云:"伏翼,主蚊子。五月五日,取倒悬者,晒干,和桂、薰陆香为细末烧之,蚊子去。"又云:"取其血滴目,令人不睡,夜中见物。"琐碎后录曰:"端午日,以麻线一条,围床周匝,以蝙蝠血涂床四向,可绝蚊蚋。"

汁蝇虎

博闻录:"五月五日午时,取蝇虎汁拌黑豆,其豆自能踊跃击蝇。"

去蚊蠓

琐碎录:"五月五日,取浮萍草,日晒干,二月收桐花,和夜明砂合捣末,作香印,烧堂中,辟蚊蠓。一云,五月皆可采。"

辟蚊子

提要录:"五月五日午时,望太阳,吸太阳气,念咒曰:'天上金鸡,喫蚊子脑体。'一气七遍,喷灯心上。遇夜,将灯心点灯,辟去蚊子之属。"

浴蚕种

博闻录:"闽俗,端午日,以渫粽汁浴蚕种,续以蒲艾、桃柳叶按,井花水澄清,再浴,悬净处。"

进花图

酉阳杂俎:"北朝妇人,以五月五日进五时花,施于帐上。"傅墨卿端五帖子云:"百炼鉴从江上铸,五时花向帐前施。"

采岩药

图经:"宁德县邑人程公,端五日,入岩采药,忽然轻举,因曰五日岩。"

生弥勒

酉阳杂俎:"龟兹国,以五月五日为弥勒佛下生日。""龟"音丘,"兹"音慈。

讨赛离

燕北杂记:"五月五日午时,采艾叶,与绵相和絮衣七事,戎主着之。番汉臣僚各赐艾衣三事。戎主及臣僚饮宴,渤海厨子进艾糕①,各点大黄汤下,番呼此节为'讨赛离'。"

①渤海厨子进艾糕:"艾糕",类说卷五引燕北杂记作"艾膏"。

岁时广记

卷二十四

朝　节

图经云：“池阳风俗，不喜端午而重夏至，以角黍、舒雁往还，谓之朝节。”岁时杂记云：“濒江州郡皆重夏至，杀鹅为炙以相遗，村民尤重此日。”

颁冰酒

会要：“唐学士初上赐食，悉是蓬莱池鱼鲙。夏至，颁冰及酒，以酒味浓，和冰而饮。”李德裕诗云：“荷净蓬池鲙①，冰寒郢水醪。”盖禁中有郢酒坊。

①荷净蓬池鲙：“净”，会昌一品集（唐李德裕撰）作“静”。按，会昌一品集卷三述梦诗四十韵：“荷静蓬池鲙，冰寒郢水醪。”自注：“每学士初上，赐食，皆是蓬莱池鲙。夏至后，颁赐冰及烧香酒。以酒味浓，每和冰而饮，禁中有郢酒坊也。”

禁举火

后汉礼仪志:"夏至,禁举火,作炭、鼓铸、消石冶皆止。"

进粉囊

酉阳杂俎:"北朝妇人,夏至,进扇及脂粉囊①,皆有辞。"

①进扇及脂粉囊:"脂粉囊",酉阳杂俎卷一礼异作"粉脂囊"。

结杏子

文昌杂录:"唐岁时节物,夏至则有结杏子。"

着五彩

风俗通:"夏至日,着五彩,辟兵,题曰'游光厉鬼'。知其名者,无瘟疾。五彩,辟五兵也。今人取新断织系户,亦此类也。一云,厉鬼字野重游光。"

施朱索

续汉书礼仪志:"夏至,阴气萌作,恐物不成,以朱索连桃印施门户①。后世所尚,以为饰也。"

①以朱索连桃印施门户：此数句删减过甚，语意已欠完整。按，续汉书礼仪志中："日夏至，阴气萌作，恐物不茂。其礼：以朱索连荤菜，弥牟朴蛊钟。以桃印长六寸，方三寸，五色书文如法，以施门户。代以所尚为饰。"

求百饭

岁时杂记："京辅旧俗，皆谓夏至日，食百家饭，则耐夏。然百家饭难集，相传于姓柏人家求饭以当之。有医工柏仲宣太保，每岁夏至日，炊饭馈送知识家。又云求三家饭以供晨餐，皆不知其所自来。"

作净馔

岁时杂记："江东僧，以夏至日作净馔，送檀越家。"

吞暑符

朝野金载："或问不热之道，答曰：'夏至日，服玄冰丸、飞雪散、六壬六癸符，暑不能侵。'"

饵硫黄

孙公谈圃："硫黄，神仙药也。每岁夏至、三伏日，必饵百粒，去脏腑中滞秽,甚有验焉。客因与公言曰:'夫硫黄之与钟乳,皆生于石,阳气溶液凝结,而就石阴也。夏至阳发乎地,相薄而不和,故聚为大热之药。硫黄伏于石下,泉源所发则蒸为汤,其沸可以烹饪,是宜服之杀人,粉以为剂,老幼皆可服。得火者多发为背疽,若钟乳生岩穴,流如马渲,结如鹅管,虚圆空中,若不足畏者,然不待火研,以玉槌七昼夜不息,而其性燥怒不解,甚于硫黄。昔<u>夏文庄公</u>服药粥,有小吏食其馀,流血而殂。用此二药也^①,硫黄信有验,殆不可多服。苦陆生韭菜^②,柔脆可菹,则名为草钟乳。水产之芡,其甘滑可食,则名水硫黄。岂二物亦性之暖欤? 不然,徒盗其名也。'公抚掌而笑。"

①用此二药也:<u>孙公谈圃</u>卷中句前有"盖"字。

②苦陆生韭菜:"苦",同上书作"若",此误。

服丹药

<u>琐碎录</u>:"金液丹,硫黄炼成,乃纯阳之物。夏至,人多服之。"又<u>本草</u>:"蝼蛄,一名蟪蛄,一名天蝼,出肉中刺。<u>生东城</u>平泽中,夜出者良。夏至日取,曝干。"<u>孙真人方</u>云:"治箭簇在咽喉、胸鬲及针刺不出。以蝼蛄捣取汁,滴上三五度,箭头自出。"

验猫鼻

<u>酉阳杂俎</u>:"猫目睛旦暮圆,及午,竖敛如綖。其鼻端常冷,唯夏至一日暖。猫洗面过耳,则客至。猫一名蒙贵,一名乌员。"

改井水

续汉书礼仪志："夏至日,浚井改水。冬至日,钻燧改火。"可去温病。

跃井水

春秋考异邮:"夏至,井水跃。"

天贶节

国朝会要曰:"祥符四年正月,诏以六月六日天书再降日为天贶节,在京禁屠宰九日。诏诸路并禁,从欧阳彪之请也。"

谒圣祖

嘉泰事类仪制:"令诸州立圣祖殿,天贶节,州长吏率在城官朝谒。"

诏醮设

国朝会要:"祥符元年六月六日,天书降兖州泰山醴泉。二年五月八日,诏曰:'其六月六日天书降泰山日,宜令醮设。'"

赐休假

国朝会要:"祥符二年六月,诏在京诸州六月六日并赐休假一日。前此遣中使诣宰臣王旦第,特令中外赐假。"至今以为休务。

罢朝谒

容斋五笔:"大中祥符之世,谀佞之臣,造为司命天尊下降及天书等事,于是降圣、天庆、天祺、天贶诸节并兴。始时京师宫观,每节斋醮七日,旋减为三日,为一日,后不复讲,百官朝谒之礼亦罢。今中都未尝举行,亦无休假,独外郡必诣天庆观朝拜,遂休务,至有前后各一日。此为敬事司命殆过于上帝矣,其当寝明甚,惜无人能建白者。"

宜禳襘

道藏经:"六月六日为清暑之日,崇宁真君降诞之辰。"正一朝修图曰:"六月六日,真武灵应真君下降日,护国显应公诞生之日,大宜禳襘。"

献香楮

东京梦华录:"崔府君庙在京城北十五里。世传府君以六月六日生,倾城具香楮往献之。本庙在磁州,是日尤盛。事具碑记。"

服豨莶

图经本草云:"豨莶,音枚。俗呼火枚草,今处处有之,人亦皆识。春生苗,似芥菜而狭长。秋初有花,如菊。秋末结实,颇似鹤虱。近世多有单服者,云甚益元气。蜀人服之之法:五月五日,六月六日,九月九日,采其叶,去根茎花实,净洗,曝干,入甑,层酒与蜜①,蒸之,又曝。如此九过,则已气味极香美,熬捣筛蜜丸服之。治肝肾风气,四肢麻痹,骨间痛,腰膝无力者,亦能行大肠气。惟文州、高邮军者性热无毒,服之补虚,安五脏,生毛发,主肌肉麻痹。妇人久冷,尤宜服之。他州所产者有毒,不宜用。”

①层酒与蜜:证类本草卷一一“豨莶”条引图经本草作“层层洒酒与蜜”。

收瓜蒂

经验方:“治遍身如金色:瓜蒂四十九个,须是六月六日收者,丁香四十九个,用甘锅子烧,烟尽为度,细研为末。小儿用半字吹鼻内及揩牙,大人用一字吹鼻内,立差。”

造神曲

岁时杂记:“医方所用神曲,皆六月六日造也。其法,以河水和曲作块,如瓦砖状,大小随意。以纸重裹,悬风处,一月可用。和面不得太软。”本草云:“曲,味甘,大暖。六月作者,良。”贾相公进牛经云:“牛生,衣不下,取六月六日曲末三合,酒一升,灌便下。”

煎楮实

经验后方：“炼谷子煎法：取谷子五升，六月六日采，以水一石煮，取五升，去滓，微火煎如饧，堪用①。”隐居云②：“谷子即楮实也。仙方取以捣汁和丹用。”抱朴子云：“楮实赤者服之，老者少，令人夜能彻视鬼神。道士梁顿③，年七十乃服楮实者④。”久服转为骨软疾⑤。

①堪用：证类本草卷一二“楮实”条引经验后方句前有“即”字。

②隐居云：证类本草卷一二“楮实”条引“陶隐居曰”句前有“陶”字。

③道士梁顿：“梁顿”，抱朴子内篇仙药作“梁须”。

④年七十乃服楮实者：同上书作“年七十乃服之，转更少，至年百四十岁，能夜书，行及走马。”按，证类本草卷一二“楮实”条引抱朴子略同。

⑤久服转为骨软疾：此句不见于抱朴子，当脱漏出处。按，证类本草卷一二“楮实”条引修真秘旨：“服楮实者，辄为骨软疾。”其出处或即此也。

酿谷醋

治生先务：“闽人以六月六日造谷醋，合酱豉，云其日水好。”

岁时广记

卷 二十五

三伏节

阴阳书曰:"夏至逢第三庚为初伏,第四庚为中伏,立秋后初庚为末伏,是谓之三伏,曹植谓之三旬。"

初祠社

史记秦纪[①]:"德公二年,初作伏祠。"

①史记秦纪:"秦纪",当是"封禅书"之误。按,秦德公二年初作伏祠,不见于秦本纪,而见于封禅书。

自择日

汉书:"高帝分四部之众,用良、平之策,还定三秦,席卷天下。盖君子所因者本也。论功定封,加金帛,重复宠异,令自择伏日,不同于风俗也。"

枯草木

风俗通户律："汉中、巴蜀、广汉自择伏日,俗说汉中、巴蜀、广汉土地温暑,草木蚤生晚枯,气异中国,夷狄畜之,故令自择伏日也。"

行厉鬼

后汉永元六年六月己酉,初令伏闭尽日。汉官仪旧注云[1]："伏日,厉鬼所行[2],故尽日闭,不干他事。"

[1] 汉官仪旧注:后汉书李贤注作"汉官旧仪注",此误。按,后汉书和帝纪:"(永元六年)六月己酉,初令伏闭尽日。"李贤注:"汉官旧仪曰:'伏日万鬼行,故尽日闭,不干它事。'"

[2] 厉鬼所行:"厉鬼",同上书作"万鬼"。

赐酒肉

汉书："东方朔为郎。伏日,诏赐诸郎肉。太官丞日晏不来,朔独拔剑割肉,谓其同官曰:'伏日当早归,请受赐。'即怀肉去。太官奏,诏朔自责。朔曰:'受赐不待诏,何无礼也! 拔剑割肉,一何壮也! 割之不多,又何廉也! 归遗细君,又何仁也!'"杜甫诗云:"尚想东方朔,诙谐割肉归。"富郑公诗云:"古云伏日当早归,况今著令许休暇。"

赐醍汁

唐辇下岁时记:"伏日,赐宰相、学士醍汁,京尹、公主、驸马蜜
麨及浆水。"

颁麨面

岁时杂记:"京师三伏,唯史官赐冰麨,百司休务而已。自初伏
日为始,每日赐近臣冰,人四匣,凡六次。又赐冰麨面,三品并黄绢
为囊,蜜一器。"颍滨作皇帝阁端午帖子云:"九门已散秦医药,百辟
初颁凌室冰。"

供冰匣

皇朝岁时杂记:"政府及要局修史修书之类,人日供冰二匣,自
初伏至末伏。"又陆翙邺中记:"石季龙于冰井台藏冰,三伏之日,赐
大臣。"

送冰兽

天宝遗事:"杨国忠子弟,以奸媚结识朝士。每至伏日,取冰,
命工雕为凤兽之状,或饰以金环彩带,置之雕盘中,送与王公大臣,
惟张九龄不受其惠。"

琢冰山

天宝遗事：“杨氏子弟，每至伏中，取大冰，使匠琢成山，周围于宴席间。座客虽酒酣，而各有寒色，亦有挟纩者。其骄贵如此。”

避时暑

魏文帝典略：“大驾都许，使刘松北镇，与袁绍并酣酒①。以盛夏三伏之际，昼夜与松饮，至于无知，以避一时之暑，故河朔间有避暑饮。”杜甫诗云：“篱边老却陶潜菊，江上徒逢袁绍杯。”何逊苦热诗云：“实无河朔饮，空有临淄汗。”

①与袁绍并酣酒：太平御览引典论“袁绍”后有“子弟”二字。按，御览卷四九七引典论：“大驾都许，使光禄大夫刘松北镇袁绍军，与绍子弟宴饮。松常以盛夏三伏之际，昼夜酣饮，二方化之。故南荆有三雅之爵，河朔有避暑之饮。”

结凉棚

天宝遗事：“长安富家子刘逸、李闲、卫旷，家世巨豪。而好接待四方之士，疏财重义，有难必救，真慷慨之士，人皆归仰焉。每暑伏中，各于林亭内植画柱，以锦绮结为凉棚，设坐具，召长安名姝间坐，递相延请，为避暑会，时人无不爱羡。”

噏碧筒

缙绅脞说:"魏正始中,郑公悫三伏之际,率宾僚避暑于历城北使君林。取莲叶盛酒,以簪刺叶,令与柄通,曲茎轮囷如象鼻,传噏之,名碧筒酒[1]。"东坡诗云:"碧筒时作象鼻弯,白酒微带荷心苦。"方伯休诗云:"几酌碧筒陪笑咏。"

[1]名碧筒酒:"碧筒酒",酉阳杂俎作"碧筒杯"。按,缙绅脞说二十卷,宋张君房撰,今已散佚,而其"噏碧筒"之说,盖当取自唐段成式酉阳杂俎前集卷七酒食:"历城北有使君林,魏正始中,郑公悫三伏之际,每率宾僚避暑于此。取大莲叶,置砚格上,盛酒三升,以簪刺叶,令与柄通,屈茎上轮菌如象鼻,传噏之,名为碧筒杯。历下效之,言酒味杂莲气香,冷胜于水。"

浮瓜李

东京梦华录云:"京都人最重三伏,盖六月中别无时节。往往风亭水榭,峻宇高楼,雪槛冰盘,浮瓜沉李,流杯曲沼,包鲊新荷,远迩笙歌,通夕而罢。"

喜义井

宋王元谟寿阳记[1]:"明义井者,三伏之日,炎暑赫曦,男女行来,其气短急,望见义井,则喜不可言,未至而忧,既至而乐,号为欢乐井。"

①宋王元谟寿阳记:"王元谟",即"王玄谟",盖避宋圣祖赵玄朗讳改。按,王玄谟,宋书卷七六、南史卷一六并有传。

飧热粥

世说:"郗超字嘉宾,三伏之日,诣谢公。炎暑熏赫,复当风交扇,犹沾汗流离。谢公着故绢衫,食热白粥,宴然无异。郗谓谢曰:'非君,几不堪此也。'"

尚羊签

岁时杂记:"京师三伏日,特救吏人、医家、大贾聚会宴饮。其宴饮者尚食羊头签,士大夫家不以为节。"

烹羊羔

汉杨恽报孙会宗书:"田家作苦,岁时伏腊,烹羊炮羔,斗酒自劳。"

取狗精

食疗云:"牡狗阴茎补髓,肉温,主五脏,补七伤五劳,填骨髓,大补益气力,空腹食之。黄色牡者上,白、黑色者次。娠妇勿食。"本草云:"牡狗阴茎,味咸平,无毒,主伤中阴痿不起,令强热大生子,除女子带下十二疾。一名狗精。六月上伏取,阴干百日。"日华子云:"犬阴,治绝阳及妇人阴痿。"又云:"伏日取狗精,主补虚。"

采狗胆

魏志:"太守河内刘勋女①,病左膝疮痒,华佗视,以绳系犬后足,不得行,断犬腹,取胆向疮口。须臾,有虫若蛇从疮中出,长三尺,病愈。"食疗云:"上伏日,采狗胆,以酒调服之,明目,去眼中脓水。又主恶疮痂痒,以胆汁傅之,止。"孟诜云:"白犬胆和通草、桂为丸,令人隐形,青犬尤妙。"

①太守河内刘勋女:"太守河内刘勋",魏志裴注引华佗别传作"河内太守刘勋"。按,三国志魏书方伎华佗传裴松之注引佗别传:"琅邪刘勋为河内太守,有女年几二十,左脚膝里上有疮,痒而不痛。疮愈数十日复发,如此七八年。迎佗使视,佗曰:'是易治之。当得稻糠黄色犬一头,好马二匹。'以绳系犬颈,使走马牵犬,马极辄易,计马走三十馀里,犬不能行,复令步人拖曳,计向五十里。乃以药饮女,女即安卧不知人。因取大刀断犬腹近后脚之前,以所断之处向疮口,令去二三寸,停之。须臾,有若蛇者从疮中而出,便以铁椎横贯蛇头。蛇在皮中动摇良久,须臾不动,乃牵出,长三尺所,纯是蛇,但有眼处而无童子,又逆鳞耳。以膏散着疮中,七日愈。"

烧犬齿

本草:"狗齿,主颠痫寒热,卒风沸①。伏日取之。"日华子云:

"狗齿,理小儿客忤,烧灰入用。"

①卒风沸:"沸",证类本草卷一七"狗齿"条作"痱",此误。

饮附汤

百忌历:"三伏之日,人不得寝,宜饮附子汤禳之。"

食汤饼

荆楚岁时记:"伏日,食汤饼,名辟恶饼。"

荐麦瓜

四民月令:"初伏,荐麦瓜于祖祢。"

忌迎妇

阴阳书:"伏日,切不可迎妇,死亡不还。"

制器皿

博闻录:"三伏内,斫竹制器皿,不蛀。"

立　秋

续汉书曰:"立秋之日,夜漏未尽五刻,京都百官皆衣白,緶皂领缘中衣,迎气于西郊[①]。"

①迎气于西郊:"西郊",续汉书礼仪志中作"白郊"。

祭白帝

汉祭祀志[①]:"立秋之日,迎秋于西郊,祭白帝蓐收。车旗服饰皆白。歌西皓,八佾舞育之舞[②]。"

①汉祭祀志:"汉"续汉书祭祀志中为"后汉",此误。按,本卷下条与此同例。

②八佾舞育之舞:同上书"之"前有"命"字。

荐陵庙

后汉礼仪志:"立秋之日,郊毕,始扬威武,斩牲于东门[①],荐陵庙。束帛赐武臣。"

①斩牲于东门:"东门",续汉书礼仪志中作"郊东门"。

命督邮

汉书:"孙宝为京兆尹,以立秋日,署侯文为东部督邮。入见,敕曰:'今日鹰隼始击,当从天气取奸恶,以成严霜之诛。'"又裴德容注①:"汉家授御史,多于立秋日,盖以风霜鹰隼初击。"

①裴德容注:樊川文集(唐杜牧撰)作裴德融制,此误。按,樊川文集卷一七韦退之除户部员外郎裴德融除殿中侍御史卢颖除监察御史制:"敕:仲尼见负版者,则必式之。此言为国根本,不敢不敬。况其官属,岂可轻用。汉家授署御史,多于立秋,盖以风霜始严,鹰隼初击,古人垂旨,可以知之。"

作腜祭

汉仪注:"立秋貙腜。"苏林曰:"腜,祭名也。貙,虎属。常以立秋日祭兽,王者亦以此日出猎,还以祭宗庙,故有貙腜之祭。"古人腜祭亦无常时,至汉史始定以立秋之日。冀州北部以八月朔作饮食为腜①,其俗语曰"腜腊社伏"。貙,五于反②。腜音娄。

①冀州北部以八月朔作饮食为腜:"朔",后汉书李贤注作"朝"。按,后汉书刘玄传:"张卬、廖湛、胡殷、申屠建等与御史大夫隗嚣合谋,欲以立秋日貙腜时共劫更始。"李贤注:"前书音义曰:

'貙,兽。以立秋日祭兽。王者亦以此日出猎,用祭宗庙。'冀州北部以八月朝作饮食为腰,其俗语曰'腰腊社伏'。貙音丑于反。腰音娄。"

②五于反:同上书作"丑于反",此误。见上注。

望天气

阴阳书:"立秋日,天气清明,万物不成;有小雨,吉;大雨,则伤五谷。"

占雷雨

清台杂占:"立秋日以火,不宜老人。雷雨折木,主多怪。"

熬楸膏

琐碎录:"立秋日,太阳未升,采楸叶,熬为膏,傅疮,立愈,谓之楸叶膏。"

戴楸叶

东京梦华录:"京师立秋,满街卖楸叶,妇女儿童,皆剪成花样戴之,形制不一。"

服赤豆

四时纂要：“立秋日，以秋水吞赤小豆七七粒，止赤白痢疾。”

呷井水

岁时记：“京师人于立秋日，人未动时，汲井花水，长幼皆呷之。”

十八浴

岁时记：“人皆言，立秋后，不浴十八次，以其渐凉，恐伤血也。”

不作浴

琐碎录：“立秋日，不可浴，令人皮肤粗燥，因生白屑。”

猫饮水

岁时记：“立秋后，猫饮水，则子母不相识。”

草化萤

易通卦验：“立秋，腐草化为萤。”

岁时广记

卷 二十六

七 夕 _上

　　梁吴均齐谐记曰^①："桂阳成武丁有仙道,常在人间,忽谓其弟曰:'七月七日,织女渡河,诸仙悉还宫。吾向已被召,不得暂停,与尔别矣。后三千年,当复还。'弟问曰:'织女何事渡河？兄何当还？'答曰:'织女暂诣牵牛,一去后三千年当还。'明旦,果失武丁所在。世人至今犹云:'七月七日,织女嫁牵牛。'"又宗懔荆楚岁时记云:"七月七日,世谓织女、牵牛聚会之日。是夕,陈瓜果于庭中,以乞巧。"

　　①梁吴均齐谐记:"齐谐记",艺文类聚卷四、太平御览卷三一引作续齐谐记,此误。按,艺文类聚卷四引续齐谐记:"桂阳城武丁(许按:御览作"成武丁"。)有仙道,谓其弟曰:'七月七日,织女当渡河,诸仙悉还宫。'弟问曰:'织女何事渡河？'答曰:'织女暂诣牵牛。'世人至今云织女嫁牵牛也。"又按,隋书经籍志二:"齐谐记七卷,宋散骑侍郎东阳无疑撰","续齐谐记一卷,吴均撰。"

何鼓星

尔雅:"何去声鼓谓之牵牛。""牵牛者,日月五星之所终始,故又谓之星纪",郭璞注云[1]:"今荆楚人呼牵牛星为担鼓,盖担者荷也。"陈后山七夕诗云:"天孙何鼓隔天津。"

[1]郭璞注云:此四字当移至"牵牛者"前,此亦郭璞注文,见尔雅注疏卷六。

黄姑星

玉台新话引古乐府云[1]:"东飞伯劳西飞燕,黄姑织女时相见。"杜公瞻注梁宗懔荆楚岁时记云:"'黄姑'即'何鼓'也,盖语讹所致云。"

[1]玉台新话引古乐府云:"玉台新话",当作"玉台新咏",此误。按,宋郭茂倩乐府诗集以此为东飞伯劳西飞燕歌之古辞,始见于玉台新咏卷九歌辞二首之第一首。

天孙女

史记天官书:"织女,天女孙也。"陈后山七夕诗云:"上界纷纷足官府,也容何鼓过天孙。"陈简斋诗云:"天女之孙擅天巧,经纬星宿超庸庸。"武夷詹克爱词云:"天孙亲织云锦,一笑下河西。"宝月词云:"遥想天孙离别后,一宵欢会,暂停机杼。"

天真女

续齐谐记:"织女,天之真女也。"

出河西

焦林天斗记:"天河之西,有星煌煌,与参俱出,谓之牵牛。天河之东,有星微微,在氐之下,是曰织女。"杜甫诗云:"牵牛出河西,织女出河东。"张天觉七夕歌云:"河东美人天帝子,机杼年年劳玉指。织成云雾紫绡衣,辛苦无欢容不理。帝怜独居无与娱,河西嫁得牵牛夫。贪欢不归天帝怒,谪归却踏来时路。但令一岁一相逢,七月七日桥边渡。"

向正东

夏小正:"七月,初昏,织女正东向。"沈休文七夕诗云:"牵牛西北回,织女东南顾。"欧阳公七夕词云:"河汉无言西北盼,星娥有恨东南远。"

主瓜果

纬书:"何鼓星主关梁,织女星主瓜果。"晋天文志云:"织女三星,天女也。主果蓏、丝帛、珍宝。王者至孝,神祇咸喜,则织女星俱明。"

为牺牲

史记天官书：“牵牛为牺牲。其北何鼓。何鼓大星，上将；左右，左右将。婺女，其北织女。”

借聘钱

荆楚岁时记：“尝见道书云：‘牵牛娶织女，取天帝二万钱下礼，久而不还，被驱在营室。’”言虽不经，有足为怪。刘子仪七夕诗云：“天帝聘钱还得否，晋人求富是虚词。”

驾香车

李商隐七夕诗云：“已驾七香车。”陈后山七夕诗云：“径须微洗七香车。”

洒泪雨

岁时杂记：“七月六日有雨，谓之洗车雨。七日雨，则云洒泪雨。”张子野七夕词云：“洗车昏雨过，缺月云中堕。”仲殊词云：“疏雨洗云韶，望极银河影里。”杜牧之有七夕戏作云：“云阶月地一相过，未抵经年别恨多。最恨明朝洗车雨，不教回脚渡天河。”张天觉歌云：“空将泪作雨滂沱，泪痕有尽愁无竭。”詹克爱词云：“空将别泪，洒作人间雨。”黄山谷词云：“暂时别泪，作人间晓雨。”

渡天河

齐谐记:"七月七日,织女渡河。"隋江总七夕诗云:"婉娈期今夜,飘飘度浅流。"王諲七夕诗云:"天河横欲晓,凤驾俨应飞。"

复斜河

异闻集:"后周上柱国沈警,奉使秦陇,过张女郎庙,酌水献花。弹琴作凤将雏,吟曰:'靡靡春风至,微微春露轻。可惜关山月,遂成无用明①。'遇夜,俄见二女郎,具酒肴,歌咏极欢。小女郎曰润玉,因执警手曰:'昔从二妃游湘川,见君于虞帝庙读湘东王碑②。此时慊念颇切,不谓今日有此佳会。'警亦记尝所经行,因相叙叹,不能已已。小婢丽质,告夜分,致词曰:'姮娥妒人,不肯留照。织女无赖,已复斜河。'警遂与小女郎就寝。"

①遂成无用明:"遂",太平广记卷三二六"沈警"条引异闻录、类说卷二八"感异记"条引异闻集作"还"。

②见君于虞帝庙读湘东王碑:"湘东王碑",太平广记卷三二六"沈警"条引异闻录作"相王碑",古今说海(明陆楫编)卷五二"润玉传"条作"湘君碑"。

伺渡河

容斋随笔:"苍梧王当七夕夜半,令杨玉夫伺织女渡河,曰:'见,当报我;不见,当杀汝。'钱希白洞微志载,苏德奇为徐肇祀其先人①,曰:'当夜半可已。'盖候鬼宿渡河之后。瞿公巽作祭仪十卷②,云:'或祭于昏,或祭于旦,皆非是,当以鬼宿渡河为候,而鬼宿渡河,常在中夜,必使人仰占以候之。'叶少蕴云:'公巽博学多闻,援证皆有根据,不肯碌碌同众,所见必过人者。'予案天上经星终古不动,鬼宿随天西行,春昏见于南,夏晨见于东,秋夜半见于东,冬昏见于东,安有所谓渡河及常在中夜之后③?织女昏晨与鬼宿正相反,其理则同。苍梧王荒悖小儿,不足笑。钱、瞿、叶三公,皆名儒硕学,亦不深考如此。杜诗云:'牛女漫愁思,秋期犹渡河','牛女年年渡,何曾风浪生。'梁刘孝仪诗云:'欲待黄昏后,含娇渡浅河。'唐人七夕诗皆有此说,自是牵俗遣词之过。故杜老又有诗云:'牵牛出河西,织女处其东。万古永相望,七夕谁见同?神光竟难候,此事终朦胧。'盖自洞晓其实,非他人比也。"

①苏德奇为徐肇祀其先人:"苏德奇",容斋随笔卷四"鬼宿渡河"条作"苏德哥",此误。

②瞿公巽作祭仪十卷:"瞿公巽",同上书作"翟公巽",此误。按,翟公巽(1076—1141)名汝文,丹阳(今属江苏)人。绍兴初,除参知政事。宋史卷三七二有传。

③安有所谓渡河及常在中夜之后:"后",同上书作"理",此误。

架鹊桥

风土记:"织女七夕当渡河,使鹊为桥。"海录碎事云:"鹊,一名神女,七月填河成桥。"李白七夕诗云:"寂然香灭后,鹊散度桥空。"张天觉歌云:"灵官召集役神鹊,直渡银河横作桥。"又东坡七夕词

云:"喜鹊桥成催凤驾①。天为欢迟,乞去声与新凉夜。"又古诗云:
"参差乌鹊桥。"又欧阳公词云:"鹊迎桥路接天津,夹岸②、星榆
点缀。"

①喜鹊桥成催凤驾:此称"东坡七夕词",疑为晏几道蝶恋花
词。按,晏几道小山词蝶恋花:"喜鹊桥成催凤驾。天为欢迟,乞与
初凉夜。乞巧双蛾如意画。玉钩斜傍西南挂。　分钿擘钗凉叶
下。香袖凭肩,谁记当时话。路隔银河犹可借,世间离恨何年罢。"
又见全宋词第一册第二二三页。
②夹岸:六一词句前有"映"字。按,欧阳修全集卷一三三六一
词鹊桥仙:"月波清霁,烟容明淡,灵汉旧期还至。鹊迎桥路接天津,
映夹岸、星榆点缀。　云屏未卷,仙鸡催晓,肠断去年情味。多应天
意不教长,恁恐把、欢娱容易。"又见全宋词第一册第一四六页。

填河乌

淮南子:"乌鹊填河成桥而渡织女。"庾肩吾七夕诗云:"寄语雕
陵鹊,填河未可飞。"欧阳公词云:"乌鹊填河仙浪浅。云軿早去声
在星桥畔。"晏元献公七夕诗云:"云幕无波斗柄移,鹊慵乌慢得桥
迟。若教精卫填河汉,一水还应有尽时。"方远庵七夕诗云:"不复
云軿去自留,却凭飞鹊集中流。"

象夫妇

班固赋:"左牵牛兮右织女,似天汉之无涯。"严有翼云:"虽不

言七月七日聚会,其意以为夫妇之象。天道深远,所不敢言也。"

得会同

曹植九咏:"乘回风兮浮汉渚,目牵牛兮眺织女。交有际兮会有期,嗟吾子兮来不时。"注云:"牵牛为夫,织女为妇。牵牛、织女之星,各处河汉之旁,七月七日得一会同。"

会灵匹

谢惠连七夕咏牛女诗云:"云汉有灵匹,弥年阙相从。"注云:"灵匹谓牛女匹耦也。"刘子仪诗云:"天媛贪忙会灵匹,几时留巧到人间。"

含淫思

文粹玉川子诗云:"痴牛与騃女,騃,鱼开切。不肯勤农桑。徒劳含淫思,旦夕遥相望。"东坡七夕词云:"缑山仙子,高情云渺,不学痴牛騃女。"

有近说

艺苑雌黄引诗云:"睆彼牵牛,不以服箱","跂彼织女,终日七襄。"说者以为二星有名无实①,即古诗所云"织女无机杼,牵牛不服轭",岂复能为夫妇岁一聚会乎？按史记、尔雅与夏小正之书，牵生、织女皆据星也，亦无会合之文，近代有此说耳。

①说者以为二星有名无实：按此下文字皆艺苑雌黄语，见苕溪渔隐丛话后集卷七。

无稽考

学林新编："世传织女嫁牵牛，渡河相会。按史记、晋天文志云：'河鼓星，在织女、牵牛二星之间。'世俗因传渡河之说，蝶渎上象，无所根据。淮南子云：'乌鹊填河成桥，而渡织女。'荆楚岁时记云：'七夕，河汉间奕奕有光景，以此为候，是生、女相过。'其说皆怪诞。七夕乞巧，见于周处风土记，乃后人编类成书，大抵初无稽考，不足信者多已。"

出流俗

晋傅玄拟天问："七月七日，牵生、织女会于天河。"杜公瞻注云："此出于流俗小书，寻之经史，未有典据。"如杜子美诗云："牵牛处河西，织女出其东。万古永相望，七夕谁见同？神光竟难候，此事终朦胧。飒然精灵合，何必秋遂通。"子美诗意，不取俗说。

好诞妄

复雅歌词："七夕故事，大抵祖述张华博物志、吴均齐谐记①。

夫二星之在天,为二十八舍,自占星者观之,此为经星,有常次而不动。诗人谓'睆彼牵牛,不以服箱','跂彼织女,终日七襄。虽则七襄,不成报章'者,以比为臣而不职也。夫为臣不职,用人者之责也,此诗所以为刺也。凡小说好怪,诞妄不终,往往类此。天虽去人远矣,而垂象粲然,可验而知,不可诬也。词章家者流,务以文力相高,徒欲飞英妙之声于尊俎间,诗人之细也夫。"

①吴均齐谐记:"齐谐记",当作"续齐谐记",此误。按,隋书经籍志二:"续齐谐记一卷,吴均撰。"

曝衣楼

宋卜子扬苑圃疏①:"太液池西有汉武帝曝衣楼,常至七月七日,宫女出后衣登楼曝之。因赋曝衣篇②。"李贺七夕诗云:"鹊辞穿线月,花入曝衣楼。"蔡持正七夕词云:"骊山宫中看乞巧,太液池边收曝衣。"方远庵和刘正之七夕诗云:"流连儿女意,香满曝衣楼。"

①宋卜子扬苑圃疏:长安志(宋宋敏求撰)卷三建章宫曝衣阁条引作"宋卜子阳园苑疏",太平御览卷三一引作"宋卜子杨园苑疏",岁时杂咏(宋蒲积中编)卷二六沈佺期曝衣篇序作"王子阳园苑疏"。

②因赋曝衣篇:按岁时杂咏卷二六沈佺期曝衣篇序:"按王子阳园苑疏:'太液池边有武帝曝衣阁,帝至七月七日夜,宫女出后衣登楼曝之。'因赋曝衣篇。"则此所谓"宋卜子扬苑圃疏",乃沈诗序

文所引,此下径接"因赋曝衣篇"盖误。

祀星楼

天宝遗事:"宫中七夕,以锦彩结成楼殿,高百丈,可容数十人,陈瓜果酒炙,设坐具,以祀<u>生</u>、<u>女</u>二星。嫔妃穿针乞巧,动清商之曲,宴乐达旦。士民皆效之。"

穿针楼

<u>舆地志</u>:"<u>齐武帝起层城观</u>,七月七日,宫人多登之穿针①,谓之穿针楼。"

①宫人多登之穿针:<u>北堂书钞</u>卷一五五"穿针楼"条引<u>舆地志</u>句后有"以乞巧"三字。

乞巧楼

<u>东京梦华录</u>:"七夕,京师贵家多结彩楼于庭,谓之乞巧楼。陈磨喝乐、花果酒炙、笔砚针线,或儿童裁诗,女郎呈巧,焚香列拜。妇人望月穿针,或以小蜘蛛安合子内,次日看之,蛛若结网圆正,谓之得巧。里巷与妓馆,往往列于门首,争以侈靡相尚。"<u>杨朴</u>七夕诗云:"年年乞与人间巧,不道人间巧已多。"<u>罗隐</u>七夕诗云:"月帐星河次第开,两情惟恐曙光催。时人不用穿针待,没得心情送巧来。"

乞巧棚

岁时杂记:"京师人七夕,以竹或木或麻秸编而为棚,剪五色彩为层楼。又为仙楼,刻<u>生</u>、<u>女</u>像及仙从等于上,以乞巧。或只以一木,剪纸为仙桥,于其中为<u>生</u>、<u>女</u>,仙从列两傍焉。"

乞巧市

岁时杂记:"<u>东京潘楼</u>前有乞巧市,卖乞巧物。自七月初一日为始,车马喧阗。七夕前两三日,车马相次壅遏,不复得出,至夜方散。其次,<u>丽景</u>、<u>保康</u>、<u>闾阖门</u>外,及<u>睦亲</u>、<u>广亲</u>宅前,亦有乞巧市,然皆不及<u>潘楼</u>。"

乞巧果

文昌杂录:"<u>唐</u>岁时节物,七月七日,则有金针、织女台、乞巧果子。"

乞巧厢

岁时杂记:"京师人家,左厢以七月六日乞巧,右厢则以七夕乞巧。"

乞巧图

画断:"<u>唐张萱</u>,<u>京兆</u>人。尝画贵公子、鞍马、屏帷、宫苑、子女等,名冠于时。又粉本画贵公子夜游图、七夕乞巧图、望月图,皆以生绡,幽闲多思,意逾于象,皆妙上品。"

羁色缕

西京杂记:"戚夫人侍高祖,七月七日,临百子池,作于阗乐。乐毕,以五色缕相羁,谓之相怜爱。"

鍮石针

荆楚岁时记:"七夕,妇人以彩缕穿七孔针,或以金银鍮石为针。"谢朓七夕赋云:"缕条紧而贯中,针鼻细而穿空。"又古诗云:"针欹疑月暗,缕散恨风来。"

金细针

唐六典:"中尚署:七月七日,进七孔金细针。"晏淑源七夕词云①:"楼上金针穿绣缕。谁管天边、隔岁分飞苦。"又仲殊词云:"玉线金针,千般声笑,月下人家。"

①晏淑源七夕词云:按,全宋词第二二五页晏几道蝶恋花(碧落秋风吹玉树)词作者为"晏几道字叔原"。

双眼针

提要录:"梁朝汴京风俗,七夕乞巧有双眼针。"刘孝威七夕穿针诗云："缕乱恐风来,衫轻羞指现。故穿双眼针,时缝合欢扇。"又有双针故事,刘遵七夕诗云："步月如有意,情来不自禁。向光抽一缕,举袖弄双针。"张子野词云："双针竞引双丝缕,家家尽道迎生女。不见渡河时,空同乌鹊飞。"

五孔针

提要录："七夕有玄针故事,又有五孔针事,未详所自。"古诗云："迎风披彩缕,向月贯玄针。"石曼卿七夕词云："一分素景,千家新月,凉露楼台遍洗。宝奁深夜结蛛丝,纤五孔、金针不寐。"

七孔针

西京杂记："汉彩女常以七月七日,穿七孔针于开襟楼,俱以习之。"吕氏岁时记云："今人月下穿针,实不可用,其状编如筐子为七孔,特欲度线尔。"陈简斋诗云："七孔穿针可得过。"

九孔针

天宝遗事："唐宫中七夕,嫔妃各执九孔针,五色线,向月穿之,过者为得巧。"古诗云："金刀细切同心鲙,玉线争穿九孔针。"

磨喝乐

东京梦华录："七月七夕,京城矾楼街东、宋门外瓦子、州西梁门外瓦子、北门外、南朱雀门街及马行街内，皆卖磨喝乐，乃小塑土偶耳。悉以雕木彩装栏座，或用碧纱笼，或饰以金珠牙翠，有一对直数千钱者。本佛经云‘摩睺罗’，俗讹呼为‘磨喝乐’。”南人目为巧儿，今行在中瓦子、后市街、众安桥卖磨喝乐，最为旺盛。惟苏州极巧，为天下第一。进入内庭者，以金银为之。谑词云：“天上佳期。九衢灯月交辉。摩睺孩儿，斗巧争奇。戴短檐珠子帽，披小缕金衣。嗔眉笑眼，百般地、敛手相宜。转睛底、工夫不少，引得人爱后如痴。快输钱，须要扑，不问归迟。归来猛醒，争如我、活底孩儿。”

水上浮

东京梦华录：“禁中及贵家与士庶等，为时物追陪七夕，以黄蜡铸为生、女人物及凫、雁、鸳鸯、鸂鶒、鱼、龟、莲荷之类，彩绘金缕，谓之水上浮，以供生、女。”

生花盆

岁时杂记：“京师每前七夕十日，以水渍菉豆或豌豆，日一二回易水，芽渐长至五六寸许，其苗能自立，则置小盆中。至乞巧，可长尺许，谓之生花盆儿。亦可以为蔯。”

种谷板

东京梦华录：“七夕，都人以小板上傅土，旋种粟，令其生苗，置小茆屋花木,作田舍家小小人物,皆村落态,谓之谷板。"

明星酒

唐金门岁节:"七夕,造明星酒。"

同心鲙

唐金门岁节:"七夕,装同心鲙。"

制圆剂

四民月令:"七月七日,作曲合药丸及蜀漆圆,曝经书及衣裳,习俗然也。"老杜七夕诗云:"曝衣遍天下,曳月扬微风。"

赐筵会

会要:"皇朝故事,以七月七日为晒书节,三省六部以下,各赐缗钱开筵宴,为晒书会。"

进斫饼

唐六典:"膳部有节日食料,七月七日进斫饼。"

造煎饼

岁时杂记:"七夕,京师人家,亦有造煎饼供生、女及食之者。"

设汤饼

风土记:"魏人或问董勋云:'七月七日为良日,饮食不同于古,何也?'勋云:'七日黍熟,七日为阳数,故以糜为珍。'今北人唯设汤饼,无复有糜矣。"

为果食

岁时杂记:"京师人以糖面为果食,如僧食。但至七夕,有为人物之形者,以相饷遗。"

制彩舫

提要录:"世俗七夕,取五彩结为小楼小舫,以乞巧。"东坡七夕词云:"人生何处不儿嬉,乞与①、朱楼彩舫。"山谷词云:"朱楼彩舫,浮瓜沉李,报答风光有庆。"

①乞与:傅幹注坡词卷六鹊桥仙之二作"看乞巧"。

祭机杼

唐百官志:"织染署,每七月七日祭杼。"又考工记注云:"以织女星之祥，因祭机之杼，以求工巧。"

铺楝叶

岁时杂记："京师人祭牛、女时，其案上先铺楝叶，乃设果馔等物。街市唱卖铺陈楝叶。"楝音练，苦楝叶也。

曝革裘

韦氏月录："七月七日，晒曝革裘，无虫蛀。"

结万字

唐金门岁节："七夕乞巧，使蛛丝结万字。"

岁时广记

卷二十七

乘浮槎

张茂先博物志："旧说天河与海通,近世有人居海上者,每年八月见浮槎来,不失期,心窃异之。候其复来,乃赍一年粮乘之。十馀日,犹见日月星风,自后茫然,亦不觉昼夜。忽至一处,有城郭,屋舍甚盛,遥望宫中,有妇人织。见一丈夫,牵牛渚次饮之,惊问曰:'何由至此?'其人说与来意,并问:'此是何处?'答曰:'君至蜀郡,访严君平,则知矣。'不及登岸,复乘槎还家。径入蜀,问君平。君平曰:'某年月日,有客星犯牛宿。'计其年月日,正是此人到天河也。"宗懔作荆楚岁时记乃引博物志,直谓张骞乘槎,宗懔不知何据,赵璘因话录亦尝辨此事。杜甫诗云:"乘槎断消息,无处问张骞。"又"查上似张骞",似亦误也。东坡七夕词云:"乘槎归去,成都何在?万里江涛荡漾①。与君各赋一篇诗,留织女、鸳鸯机上。"又诗云:"岂如乘槎天女侧,独倚云机看织纱。"山谷词云:"待乘槎仙去。若逢海上白头翁,共一访、痴生騃女。"

①万里江涛荡漾:"江涛荡漾",傅斡注坡词卷六鹊桥仙之二作
"江沱汉漾"。

得机石

荆楚岁时记:"汉武帝令张骞使大夏,寻河源,乘槎经月而去。
至一处,见城郭如官府,室内有一女织,又见一丈夫,牵牛饮河。骞
问曰:'此是何处?'答曰:'可问严君平。'织女取揩机石与骞而还。
后至蜀问君平,君平曰:'某年月日,客星犯牛、女。'所得揩机石,为
东朔所识。"按骞本传及大宛传①,骞以郎应募,使月氏,为匈奴所
留,十馀岁得还。骞身所至者,大宛、大月氏、大夏、康居,而传闻其
旁大国五六,具为天子言其地形所有,并无乘槎至天河之谓。而宗
懔乃傅会以为武帝、张骞之事,又益以揩机石之说。艺苑雌黄云②:
"今成都严真观有一石,呼为支机石,相传云汉君平留之。予宝历
中下第还家,于京师道次,逢官差递夫舁张骞槎。先在东都禁中,
今准诏索有司取进,不知真何物也。"宋之问明河篇云:"明河可望
不可亲,安得乘查一问津。更将织女支机石,还访成都卖卜人。"
"查"与"槎"同,"支"与"揩"同。刘禹锡七夕诗云:"机罢犹安石,桥成
不碍查。"杜子美诗云:"闻道寻源使,从天北路回。牵牛去几许,宛
马至今来。"又陈无己七夕诗云:"早晚望夫能化石,尽分人世作
支机。"

①按骞本传及大宛传:此下所言至"又益以揩机石之说",皆引

自苕溪渔隐丛话论杜甫诗语,当非陈元靓自撰。按,苕溪渔隐丛话
前集卷一一杜少陵九:"苕溪渔隐曰:缃素杂记、学林新编二家辨证
乘槎事,大同小异,余今采摭其有理者,共为一说。案张茂先博物
志曰。(许按:本卷上条已见,今略。)所载止此而已。

②艺苑雌黄云:按此中引文谓"予宝历中下第还家",宝历
(825—827)乃唐敬宗李湛年号,而艺苑雌黄则南宋严有翼所撰,此
语显然非严自称,当别有主人。今考因话录卷五云:"今成都严真
观有一石,俗呼为支机石,皆目云当时君平留之。宝历中,余下第
还家,于京洛途中,逢官差递夫异张骞槎。先在东都禁中,今准诏
索有司取进,不知是何物也。前辈诗往往有用张骞槎者,相袭谬误
矣。纵出杂书,亦不足据。"据此,所谓"予宝历中下第还家"者,实
出于因话录作者赵璘也。艺苑雌黄或曾转引赵说(此亦查无实
据),但将艺苑雌黄等同于作者则大误矣。

赐寿考

神仙感遇传:"郭子仪,华州人也。初从军沙塞间,因入京催军
食,回至银州数十里,日暮,忽风沙斗暗①。行李不得,随入道旁空
屋中②,藉地将宿。既夜,忽见左右皆有赤光。仰视空中,忽见辎车
绣幄中有美人③,坐床垂足,自天而下,俯视子仪。子仪拜祝云:'今
七月七日,必是织女降临,愿赐长寿富贵。'女笑曰:'大富贵,亦寿
考。'言讫,冉冉升天,犹视子仪,良久而隐。子仪后立功贵盛,威望
烜赫。大历初,镇河中,疾甚,三军忧惧。公谓御医及幕宾王延昌、
孙宿、赵惠伯、严郢曰:'吾此疾,自知未便衰殒。'因话所遇之事,众

皆称贺忻悦。其后拜太尉、尚书令、尚父,年至九十而薨。"

①忽风沙斗暗:"斗",太平广记卷一九"郭子仪"条引神仙感遇传作"陡"。

②随入道旁空屋中:"随",同上书作"遂",此误。

③忽见辎车绣幄中有美人:"辎车",同上书作"輧辎车"。

乞富贵

风土记:"七月七日,其夜洒扫庭除,露施几筵,设酒脯时果,散香粉于筵上,祈请何鼓、织女,言此二星当会。守夜者咸怀私愿,或云见天汉中有奕奕白气,或光耀五色,以此为征应,见者便拜而陈愿,乞富乞寿,无子乞子,唯得乞一,不得兼求。三年后方得言之,颇有受祚者。"欧阳永叔诗云:"奕奕天河光不断,有人正在长生殿。"蔡持正七夕诗云:"焚香再拜穿花线,候得神光白气飞。"

祈恩霈

天宝遗事:"明皇与妃子,每七夕往华清宫游宴。时宫女陈瓜果酒馔,列于庭中,祈恩生、女。又各捕蜘蛛闭小盒中,至晓开视,以验得巧之多少。民间争效之。"杜子美诗云:"蛛丝小人态,结缀瓜果中。"

去蹇拙

柳柳州文集乞巧文云:"柳子夜归自外,庭有设祠者,餰饵馨香,蔬果交罗,且拜且祈。怪而问焉,女隶进曰:'今兹秋孟七夕,天女之孙将嫔于何鼓。邀而祠者,幸而与之巧,驱去蹇拙,手目开利,组纴缝制,无滞于心焉。'柳子曰:'吾亦有大拙,傥可因是以求去之。'乃再拜而进曰:'臣有大拙,智所不化,医所不攻,威不能迁,宽不能容。'"云云。

乞聪明

岁时杂记:"七夕,京师诸小儿,各置笔砚纸墨于牵牛位前,书曰'某乞聪明'。诸女子,致针线箱筥于织女位前,书曰'某乞巧'。"

益巧思

吴淑秘阁闲谈:"蔡州丁氏精于女工,每七夕,祷以酒果,忽见流星坠庭中。明日,于瓜上得金梭一枚,自是巧思益进。"

留宝枕

墨庄冗录:"太原郭翰,少有清标,姿度秀美,善谈论,尚草隶①。当暑,乘月卧庭中。时有微风,稍闻香气。翰甚怪之,仰视空中,有人冉冉而下,直至翰前,乃一少女也。明艳绝代,光彩溢目。衣玄绡之衣,曳霜罗之帔,戴翠翘凤凰之冠,蹑复文九章之履②。侍女二人,皆有殊色。翰整衣巾,拜谒曰:'不意真灵乃降③,愿垂德音。'女微笑曰:'吾天之织女,久无主对,而佳期阻旷,幽态盈怀。上帝赐命,许游人间。仰慕清风,愿托神契。'翰曰:'非敢望也,乃所愿也。'女敕侍婢净扫室中,张霜雾丹縠之帱,施水晶玉华之簟,转回风之扇,宛若清秋。乃携手升堂,解衣共寝。并同心龙脑之枕,覆双缕鸳文之衾。腻体柔肌,深情密态,妍艳无匹。欲晓辞去。自后夜夜往来,情好转切,翰戏之曰:"牵郎何在,那敢独行。"对曰:"阴阳变化,关渠何事?且河汉隔绝,无可复之,纵使知之,不足为虑。"因相与谈论星辰躔度,列宿分位,翰遂洞晓之。后将至七夕,忽尔不来,数夜方至。翰问曰:'牵郎相见,乐乎?'笑而对曰:'天上那比人间,正以期运当尔,非有他故。况一年一度相会,争如今日夜夜相逢,君毋猜忌。'又问曰:'卿来何迟?'曰:'人中五日,彼一夕也。'经一年,忽一夜凄恻流涕,执翰手曰:'帝命有程,便当永诀。'以七宝枕留赠曰:'明年此日,当奉书音。'翰报以玉环一双,腾空而去。及期,遣侍女奉书函至,言词清丽,情意重叠,末有诗二首。其一云:'河汉虽云阔,三秋尚有期。情人知有意④,良会在何时?'又曰:'朱阁临清汉,琼宫缔紫房。佳期情在此,只是断人肠。'翰亦谢以诗曰:'人世将天上,由来不可期。谁知一回顾,交作两相思。'又曰:'赠枕犹香泽,啼衣尚泪痕。玉颜霄汉里,空有往来魂。'是岁,太史奏织女星失度无光。翰官至御史。"

①尚草隶:"尚",太平广记卷六八"郭翰"条引灵怪集作"工"。

②蹑复文九章之履:"复",同上书作"琼",此误。

③不意真灵乃降:"真",同上书作"尊"。

④情人知有意:"知有意",同上书作"终已矣"。

授钗钿

陈鸿长恨传:"唐玄宗在位,以声色自娱。宫中万数,无悦目者,驾幸华清宫,上心油然,恍若有遇。诏高力士潜搜外宫,得弘农杨元琰女子于寿邸①。既笄矣,鬓发腻理,纤秾中度,举止闲冶。别疏汤泉,诏赐澡莹。既出水,体弱力微,若不任罗绮,光彩焕发,转照动人,上不胜悦。进见之日,奏霓裳羽衣以导之。定情之夕,授金钗钿合以固之。明年,册为贵妃,半后服用。冶容敏词,婉变万态。与上行同辇,止同宫,宴专席,寝专房。虽有三夫人、九嫔、二十七世妇、八十一御妻,暨后宫才人、乐府妓女,使天子无顾盼者。民谣云:'生女勿悲酸,生男勿喜欢。'又云:'男不封侯女作妃,君看女却为门楣。'人心羡慕如此。天宝末,安禄山引兵向阙,以讨杨妃为辞。玄宗幸蜀,道次马嵬,六军徘徊不进。当时敢言者,请以贵妃塞天下之怒。上知不免,反袂掩面,使牵贵妃而去,就绝于尺组之下。肃宗受禅,大驾还都,尊玄宗为太上皇。每春花秋月,天颜不怡。适有方士,杨妃外传云:"方士即杨通幽也。"自蜀而来,知上皇心念杨妃,自言有李少君术。上皇大喜,命致其神。方士竭术索之,不至。又游神驭气,旁求四虚,极天涯,跨蓬壶,有洞户东向,署曰玉妃太真院。方士抽簪扣扉,有双鬟应门,复入。俄有碧衣侍女继至,诘所从来。方士称唐天子使者,且致其命。碧衣云:'玉妃方寝,请少待之。'顷间,碧衣延入,且曰:'玉妃出。'见一人冠金莲,披紫绡,佩红玉,曳凤舄,左右侍者七八人,揖方士,问皇帝安否,次问天宝十四年已还事,言讫悯然。指侍女取金钗钿合,各折其半,授使者曰:'为谢上皇,谨献是物,寻旧好也。'方士受辞与信,将行,色有不足。<u>玉妃</u>因征其意，复前跪致辞：'乞当时一事，不闻于它人者，验于上皇。不然，恐钿合金钗，负<u>新垣平</u>之诈也②。'<u>玉妃</u>茫然退立，若有所思，徐而言曰：'昔<u>天宝</u>十载，侍辇避暑<u>骊山宫</u>，秋七月，<u>牵牛</u>、<u>织女</u>相见之夕。<u>秦</u>人风俗，夜张锦绣，陈饮食，树花燔香于庭，号为乞巧。宫掖间尤尚之。时夜始半，休侍卫于东西厢，独侍上。上凭肩而立，因仰天感<u>生</u>、<u>女</u>事，密相誓心，愿世世为夫妇。言毕，执手各呜咽。此独君王知之耳。'因自悲曰：'由此一念，又不复居此，当堕下界，且结后缘。或天或人③，决再相见，好合如旧。'使者还奏，皇心嗟悼久之。馀见<u>唐史</u>④。"<u>白居易</u>作<u>长恨歌</u>云："临别殷勤重寄词，词中有誓两心知。七月七日长生殿，夜半无人私语时。"后人又作<u>伊州曲</u>云："金鸡障下胡雏戏。乐极祸来，<u>渔阳</u>兵起。鸾舆幸<u>蜀</u>，<u>玉环</u>缢死。<u>马嵬坡</u>下尘滓。夜对行宫皓月，恨最恨、春风桃李。<u>洪都</u>方士。念君萦系。妃子。<u>蓬莱</u>殿里，觅寻太真，宫中睡起。遥谢君意。泪流琼脸，梨花带雨，仿佛<u>霓裳</u>初试。寄钿合、共金钗，私言徒尔。在天愿为、比翼同飞。居地应为、连理双枝。天长与地久，唯此恨无已。"

①得弘农杨元琰女子于寿邸："杨元琰"，即<u>杨玄琰</u>，盖避<u>宋圣祖赵玄朗</u>讳改。"女子"，<u>太平广记</u>卷四八六"长恨传"条作"女"，此误。

②负新垣平之诈也："负"，同上书作"雇"。

③或天或人：同上书作"或在天，或在人"。

④馀见唐史："唐史"，同上书作"国史"。

化土金

夷坚乙志：“起居注：南安军南康县民阳大明，葬父于黄公坑山下，结庐墓侧。所养白鸡为狸捕去，藏之石穴。次夕，雷震，石粉碎，狸死焉，人以为孝感。值七夕，有道人至庐所见之，叹其纯孝，指架上道服曰：‘以是与我，当有以奉报。’大明与之，无靳色。道人解腰间小瓢，贮衣其中，瓢口甚窄，而衣入无碍。俄取案间小黑石，拊摩之，嘘呵即成紫金。又变药末为圆剂，以授大明。大明谢曰：‘身居贫约，且在父丧，不敢觊富寿也。’道人益奇之，探瓢取道服还之，曰：‘聊试君耳。’题诗桷间曰：‘阳君真确士，孝行动穹壤。皇上怜其艰，七夕遣回往。逡巡药顽石，遣子为馈享。子既不我爱，吾亦不汝强。风埃难少留，愿子志勿爽。会当首鼠记，青云看反掌。’遂别去。乡人闻者，竞观之。题处去地几丈许，始以淡墨书。既而墨色繁发，字体飞动，皆疑其神仙云。时绍兴十三年也。里胥以事闻于县，县令李能一白郡守上诸朝。明年，诏赐帛十匹，令长吏以岁时存问之。”

运水银

提要录：“元丰六年，吕吉甫守单州，闻天庆观七月七日有异人过焉，索笔书二诗，其一云：‘野人本是天台客，石桥南畔有住宅。父子生来只两口，多好歌坐不好拍。’其二云：‘四海孤游一野人，两壶霜雪足精神。坎离二物全收得，龙虎丹行运水银。’时吕守之婿余中在傍，释之曰：‘天台客，宾也。石桥，洞也。两口，吕字也。歌而不拍,乃吟诗也。吟此诗者,其<u>吕洞宾</u>乎? 后篇乃是诗题耳。'"

飡松柏

<u>孙真人枕中记</u>:"采松柏法:尝以三月、四月采新生松叶,可长三四寸,并花蕊取,阴干细捣为末。其柏叶,取深山谷中,采当年新生,可长三二寸者,阴干细捣为末。用白蜜和,丸如小豆大。常以月一十五日,日未出时,烧香东向,手持药八十一丸,以酒下。服一年,延一十年命。服二年,延二十年命。欲得长肌肉,加大麻、巨胜。欲心力壮健者,加茯苓、人参。此药除百病,益元气,滋五脏六腑,清明耳目,强壮不衰老,延年益寿神验。用七月七日露水丸之,更佳。服时乃咒曰:'神仙真药,体合自然。服药入腹,天地齐年。'咒讫服药,断诸杂肉,五辛切忌慎之。"

饵松实

<u>林氏传信方</u>:"七月七日,取松实,过时即落,难收。去木皮,捣如膏。每服如鸡子大,日三服,能绝谷,久服升仙。渴即饮水,勿食他物。服及百日,身轻;三百日,日行五百里。又法:捣为膏,酒调下三钱。亦可以炼了松脂同服之。"<u>刘向列仙传</u>:"<u>偓佺</u>者,<u>槐山</u>采药父也。好食松实,形体生毛,长数寸。"<u>屈原九歌山鬼</u>章云:"饮石泉兮飡松柏。"

服柏子

千金方："七月七日,采柏子,治服方寸匕,日三四。又云一服三①。今久服亦辟谷,令人不老。"张华博物志云："荒乱不得食,细切柏叶,水送下,随人能否,以不饥为度。此叶苦,不可嚼也。"老杜诗云："翠柏苦犹食,晨霞高可餐。"

①又云一服三："三",备急千金要方卷八二饵松子方作"三合"。

取菖蒲

千金方："七月七日,取菖蒲酒服三方寸匕,饮酒不醉,好事者服而验之。不可犯铁,若犯铁,令人吐逆。治人好忘,久服聪明益智。"

折荷叶

太清诸草木方："七月七日,采莲花七分。八月八日,采莲根八分。九月九日,采莲实九分。阴干捣筛,治服方寸匕,令人不老。"

和桃花

韦氏月录："七月七日,取乌鸡血,和三月三日桃花末,涂面及遍身,三二日肌白如玉。此是太平公主法,曾试有验。"

晒槐汁

图经本草:"按尔雅,槐有数种,叶大而黑者名櫰槐,昼合夜开者名守宫槐,叶细而青绿者但谓之槐。其功用不言有别。四月、五月开花,六月、七月结实。治五痔。"七月七日[①],采嫩实捣取汁,铜器盛之,日煎令可作丸,大如鼠屎,内窍中,三易乃愈。补绝伤、火疮、妇人乳瘕子、藏急痛。千金方:"铜器盛,置高门上,曝二十已上日,却煎令成膏,作丸如前法。"又云:"神方主痔。"

①七月七日:此下至"三易乃愈",不见于图经本草,当是本草"槐实"本经文字。按,证类本草卷一二:"槐实,味苦酸咸寒,无毒,主五内邪气,热止涎唾,补绝伤、五痔、火疮、妇人乳瘕子、藏急痛。以七月七日取之,捣取汁,铜器盛之,日煎令可作丸,大如鼠屎,内窍中,三易乃愈。"

煎苦瓠

千金方:"七月七日,生苦瓠中白,绞取汁一合,以醋一升,古文钱七个浸之,微火煎减半,以沫内眥中,大治眼暗。"

摘瓜蒂

本草:"瓜蒂,苦寒,有毒,主大水,身面四肢浮肿,下水,杀蛊毒。食诸果病在胸膈腹中,皆吐下之。生嵩高平泽。七月七日采,阴干。"陶隐居云:"瓜蒂,多用早青瓜蒂,此云七月采,便是甜瓜蒂也。"

剪瓜叶

淮南子："七月七日午时,剪生瓜叶七枚,直入北堂中,向南立,以拭面䵟,即当灭矣。"

拾麻花

外台秘要："治瘰疬:七月七日,拾麻花。五月五日,收艾叶。二件作炷,于疬上炙百壮①。"

①于疬下炙百壮:"炙",外台秘要方卷二三治瘰疬方作"灸",此误。

蒸麻勃

千金方："七月七日,用麻勃一斗①,真人参二两,末之,蒸令气遍。夜欲卧,酒服一刀圭,尽知四方之事。"本草云："麻蕡,一名麻勃,此麻花上勃勃者。七月七日采,良。"

①用麻勃一斗:"斗",备急千金要方卷四五治好忘久服聪明益智方作"升"。

种天草

图经本草："景天草,生太山谷①,今南北皆有之。人家多种于中庭,或以盆,植于屋上,云以辟火,故又谓之慎火草。春生苗,似马齿而大[2],作层而上,茎脆。夏中开红紫花,秋后枯死。"神农本草云:"景天草,一名慎火,一名戒火,一名救火。七月七日采,阴干。"

①生太山谷:"太山谷",证类本草卷七"景天"条引图经作"太山山谷"。

②似马齿而大:同上书句前有"叶"字。

干蓝草

千金方:"解诸药毒散:七月七日,取蓝,阴干,捣[1],和水服方寸匕,日三服。中毒者,春燕毛二枚[2],和水二升服之,差。"

①捣:备急千金要方卷七二解毒药散作"捣筛"。

②春燕毛二枚:同上书作"秦燕毛二枚,烧灰"。

吞小豆

韦氏月录:"河图记:七月七日,取赤小豆,男吞一七,女吞二七,令人毕岁无病。"

食海藻

本草:"海藻,一名落首,一名薚,七月七日采,曝干。生深海中及新罗。海人取藻,正在深海底,以绳系腰没水下,得则旋系绳上。"孟诜云："海藻起男子阴气,常食消男癀①。北人不宜食。"

①常食消男癀:"男癀",证类本草卷九"海藻"条引孟诜说作
"男子癀疾"。

收公寄

本草云："丁公寄,味甘,主金疮痛,延年。一名丁父,生石间,
蔓延木上,细叶、大枝、赤茎,实大如碛黄,有汁。七月七日采。"按
陈藏器云："丁公寄,即丁公藤也。"

涂守宫

淮南子毕万术①："七月七日,采守宫,阴干,为末,井花水和,涂
女身,有文章似丹砂。涂之不去者不淫,去者有奸。"

①淮南子毕万术:太平御览卷三一引作"淮南子万毕术",此
误。按,旧唐书经籍志下:"淮南王万毕术一卷,刘安撰。"

带蛛网

千金方："七月七日,取蛛网一枚,著衣领中,勿令人知,则永不
忘也。"又日华子云："蛛网,七夕朝取食之,令人巧,去健忘。"

采蜂房

本草："露蜂房,有毒,主惊痫。一名蜂肠,一名百穿,一名蜂

敕①,生山谷②,七月七日采,阴干。"又图经云:"古今方书治牙齿伤多用之,七月七日采。"

①一名蜂敕:"敕",证类本草卷二一"露蜂房"条本经作"勒",此误。按,勒,原注:"音窠。"

②生山谷:同上书"生"后有"牂牁"二字。

捉萤火

本草:"萤火,无毒,主明目,小儿火疮。一名夜光,七月七日取,阴干。"药性论云:"萤火亦可单用,治盲眼①。"

①治盲眼:"盲眼",证类本草卷二二"萤火"条引药性论作"青盲"。

捕丹戬

本草云:"丹戬,味辛,主心腹积血。一名飞龙,生蜀郡。如鼠妇,青股赤头。七月七日捕采。"又云:"七月七日采黄虫,疗寒热。生地上,味苦,赤头长足,有角,群居。"

烧赤布

淮南子毕万术①:"赤布在户,妇人留连。"注云:"取妇人月事布,七月七日烧灰置楣上,即不复去。勿令妇人知之。"

①淮南毕万术:太平御览卷七三六引作"淮南万毕术",此误。

岁时广记

卷 二十八

食仙桃

汉武帝内传:"帝好神仙之道。元封元年正月甲子,登嵩山,起道宫,斋居祷祠,以求神应。至四月戊辰,帝方御宴殿①,时东方朔及董仲君在侧。忽有一女子来,语帝曰:'闻子轻四海之禄,访道求生,屡祷山川,似可教者。从今日始清斋,不交人事,七月七日,王母当暂至也。'言讫,女子忽不见。帝问东方朔:'何人?'朔曰:'乃西王母紫兰宫女,常传命往来人间。'帝于是登真台②,斋戒存道。至七月七日,洒扫宫掖,燔百和之香,然九光之灯,躬监香果,为天官之馔。帝乃盛服至于阶下,敕内外谧寂,以候仙官。二更之后,忽见西南如白云起,郁郁趋陛。须臾,王母乘云辇而降。帝问寒暄毕,王母自设天厨,以仙桃饲帝,复召上元夫人与帝同宴,因授以五岳真形图及灵光经,夫人亦以六甲灵飞十二事授帝。至明,王母与夫人同乘而去。"

①帝方御宴殿:"宴殿",太平广记卷三"汉武帝"条引汉武内传作"承华殿"。

②帝于是登真台:"真台",同上书作"延灵之台"。

请仙药

汉武帝故事:"七月七日,上御承华殿斋,正中①,忽有青鸟从西来,集殿前。上问东方朔:'何鸟也?'朔曰:'此西王母欲降,以化陛下。'上乃施帷帐,烧贝末香②,乃兜率国所献③,涂宫门,香闻百里。是夕漏七刻,西方隐隐若雷声。有顷,王母乘云车而至,玉女驭,母戴七胜,青气如云。上拜请不死之药,母曰:'帝滞情不尽,欲心尚多,不死之药,未可致也。'东方朔于朱雀牖中窥视,母曰:'此儿好作罪过,久被斥逐。然原心无恶,寻当得还。'母出桃七枚,自啖二枚,以五枚与帝。帝留核欲种,母曰:'此桃三千年一结子,非下土所种之物。'"

①正中:疑当作"正午"。又类说卷二一"西王母降"条引汉武帝故事无"正中"二字,疑衍。

②烧贝末香:"贝末香",同上书作"具末香",太平御览卷九八三引汉武故事作"兜末香"。

③乃兜率国所献:"兜率国",太平御览卷九八三引汉武故事作"兜渠国",类说卷二一"西王母降"条引汉武帝故事作"兜国"。

乘白鹤

总仙记①:"王子乔者,周灵王太子晋也。好吹笙,一云吹箫。作凤凰鸣。游伊洛间,遇道士浮丘公,接子乔上嵩高山,四十餘年。后于山中见桓良,曰:'告我家,七月七日,待我于缑氏山头'。至是,果乘白鹤,驻山头,望之不得到,举手谢时人。数日而去。时有童谣曰②:'王子乔,好神仙,七月七日上宾天。白虎摇瑟凤吹笙,乘云鼓气吸日精。吸日精,长不归,秋山冷露沾君衣。'"李太白凤笙歌云:"仙人十五爱吹笙,学得昆丘彩凤鸣。始闻炼气飡金液,复道朝天赴玉京。玉京迢迢几千里,凤笙去去无穷已","绿云紫气向函关,访道因寻缑氏山。莫学吹笙王子晋,一遇浮丘断不还。"司马温公缑山引云:"王子吹笙去不还,当时旧物唯缑山。山深树老藏遗庙,春月秋花空自闲。"东坡七夕词云:"缑山仙子,高情云渺,不学痴牛騃女。凤箫声断月明中,举手谢、时人去③。"又诗云:"萧然王郎子,来自缑山阴。云见浮丘伯,吹箫明月岑。"按寰宇记:"缑山在明州④,其地有祠在焉。"郑工部文宝题缑山王子晋祠一绝云:"秋阴漠漠秋云轻,缑氏山头月正明。帝子西飞仙驭远,不知何处夜吹笙。"

　　①总仙记:总仙记一百四十卷,宋乐史编,此所引王子乔成仙事,当取自汉刘向撰列仙传卷上。

　　②时有童谣曰:此所谓"童谣",疑即唐宋之问所作乐府诗。按,乐府诗集卷二九唐宋之问王子乔诗:"王子乔,爱神仙,七月七日上宾天。白虎摇瑟凤吹笙,乘骑云气吸日精。吸日精,长不归,遗庙今在而人非。空望山头草,草露湿君衣。"(此诗又见全唐诗卷一九。)

　　③时人去:傅幹注坡词卷六鹊桥仙(七夕送陈令举)"去"前有"欲"字。

④缑山在明州：此说显误。按，太平寰宇记卷五河南道五缑氏县："缑氏山，在县东南二十里。列仙传：'王子晋见桓良曰："告我家，七月七日，待我于缑氏山头。"果乘白鹤驻山巅，望之不能到，拱手谢时人而去。'山上有石室、饮鹤池。"缑山，即缑氏山，在今河南偃师缑氏镇东南，而明州自唐以来已指今浙江宁波。

跨赤龙

列仙传："陶安公者，乃六安铸冶师也。数行火术，一朝野火焰上，紫色冲天。安公伏冶下求哀，须臾，有朱雀跃出冶上曰：'安公，安公，冶与天通。七月七日，迎汝以赤龙。'至日龙来，安公乘之，东南而上。邑中数万人预共送之，皆与辞诀。"

驾羽车

王氏神仙传："王远字方平，举孝廉，除郎中。学通五经，尤明天文图谶，逆知盛衰吉凶。弃官入山修道，遇太上老君，赐七转灵符，为总真仙人。汉桓帝连征不出，但题宫门四百馀字，皆说方来之事。帝恶之，使削去，愈削而愈明。后东游括苍山，过蔡经家，蔡小民耳，而骨相当仙，语经曰：'汝气少肉多，当为尸解。'因授其法。后经没，失尸十馀年，忽还，语家曰：'七月七日，王君当来。其日可多作饮食，以供从官。'其日，经家备瓮器，作饮食百馀斛，罗布庭中。王君果来，乘羽车，驾五龙前来，麾节幡旗导从，威仪奕奕，金鼓箫管人马之声，如大将军焉。须臾，引见经及经家兄弟。经父母私问<u>经</u>曰:'<u>王君</u>是何神人？复居何处？'<u>经</u>曰:'常在<u>昆仑山</u>,<u>经</u>来所到,则山海之神皆来拜谒。'"

谒岳庙

<u>广异记</u>:"<u>赵郡李湜</u>,以<u>开元</u>中谒<u>华岳庙</u>,过<u>三夫人</u>院。忽见神女,悉是生人,邀入宝帐,备极好洽。<u>三夫人</u>迭与结欢,言终而出,临诀谓<u>湜</u>曰:'每年七月七日至十二日,岳神当上计于天,至时相迎,不宜辞让。今者相见,亦是其时,故得尽欢。'自尔七年,每遇其日,奄然气尽,家人守之,三日方悟,说云:'灵帐玳筵,绮席罗荐。摇月扇以轻暑,曳罗衣而纵香。玉珮清泠,香风斐亹。候<u>湜</u>之至,莫不笑开星靥,花媚玉颜。叙离思则涕零,论新欢则情洽。<u>三夫人</u>皆其有也。<u>湜</u>才伟于器,尤为所重,各尽其欢情。及还家,莫不惆怅呜咽,延景惜别。'<u>湜</u>既悟,形体流决①,辄病旬日而后可。有术者见<u>湜</u>云:'君有邪气。'为书一符佩之。后虽相见,不得相近。<u>三夫人</u>,一姓<u>王</u>,一姓<u>杜</u>,骂云:'<u>湜</u>无行,带符何为！'小夫人姓<u>萧</u>,恩意特深,涕泣相顾,诫<u>湜</u>:'三年勿言之,非独损君②,亦当损我。'<u>湜</u>问以官,答云:'合进士及第,终小县令。'皆如其言。"

①形体流决:"决",<u>太平广记</u>卷三〇〇"李湜"条引<u>广异记</u>作"浃",此误。

②三年勿言之非独损君:同上书作"三年勿言,言之非独损君"。

授宝玉

唐宝记："开元中，有李氏者，弃俗为尼，号曰真如。天宝元年七月七日，有五色云气自东方来，集户外。云中引手，不见其形，以囊授真如曰：'汝宜宝之，慎勿言也。'后禄山乱作，真如流寓楚州。肃宗即位元年，忽见二皂衣人引至一所，城阙壮丽，侍卫严肃，引者谓之曰：'此化城也。'城有复殿，一人碧衣宝冠，号为天帝。复有二十餘人，衣冠亦如之，呼为诸天。命真如进侧，既而诸天相谓曰：'下界丧乱日久，当何以救之？'内一天曰：'莫若以神宝厌之。'又一天曰：'常用第三宝，今沴气方盛，恐不足以胜之，须用第二宝。'天帝曰：'然。'遂命出宝以授真如，曰：'汝往令刺史崔侁进达于天子。前所授汝小囊，有宝五段，人臣可得见之。今此八宝，惟王者可见，汝慎勿易也。'乃具以宝名及所用之法授之。翌日，真如以宝诣县，县以其事闻之于州，刺史崔侁遣从事卢恒讯之。恒至，召真如，欲临以法。真如曰：'上帝有命，谁敢废堕！'乃以囊中前授五宝示恒：其一曰元黄天符①，形制如笏，黄玉也。其二曰玉鸡，毛文悉备。其三曰谷璧，遍璧有粟粒文。其四曰王母玉环二枚。恒曰：'玉信玉矣，安知宝乎？'真如乃移宝向日照之，其光皆射日，望之无尽。恒归，以状白侁。又具报节度崔圆，圆征真如诣府，欲历视，真如曰：'不可。'圆固强之，真如不得已，又出后段八宝示圆：其一曰如月珠，大若鸡卵，置之堂中，明如皎月。其二曰红靺②，大如巨栗，烂若朱樱，视之可应手而碎，触之则坚。其三曰琅玕珠，形制如环。其四曰玉印，大如半掌。其五曰皇后采桑钩二枚，细曲若箸。其六曰雷公石二枚，形如斧，腻若青玉。八宝置之日中，则白气连天；措之

阴室,则神光如月。其所厌胜之法,真如秘之,圆欲录奏,真如曰:
'天帝已命崔侁事为若何。'圆乃以事属侁,侁遂遣恒随真如上进。
肃宗视宝,召代宗曰:'汝自楚王为皇太子,今宝获于楚州,天祚汝
也,宜保爱之。'代宗拜受,即日改元为宝应,号真如曰宝和。自后
兵革渐偃,年谷丰登,皆宝之瑞也。"

①其一曰元黄天符:"元",即"玄",盖避宋圣祖赵玄朗讳改。

②红鞓:旧唐书肃宗纪、新唐书代宗纪及五行志二并作"红鞓
鞲"。

写符经

集仙录:"骊山姥,不知何代人也。李筌号达观子,好神仙之
道,常历名山,博采方术。至嵩山虎口岩石室中,得黄帝阴符经本,
缄之甚密,题云'大魏真君二年七月七日,上清道士寇谦之藏诸名
山,用传同好'。其本糜烂,筌抄读数千遍,竟不晓其义。后入秦,
至骊山下,逢一老母,神状甚异,路旁见遗火烧树,因自语曰:'火生
于木,祸发必克。'筌惊问曰:'此黄帝阴符上文,母何得而言之?'母
曰:'吾受此符,已三元六周甲子矣。三元一周,百八十年。六周,一千
八十年。少年从何而知之?'筌遂具告得符之由。因请问玄义,母
曰:'阴符者,上清所秘,玄台所尊,理国则太平,理身则得道,非独
机权制胜之用,乃大道之要枢,岂人间之常典耶! 此书凡三百馀
言,一百言演道,一百言演法,一百言演术。上有神仙抱一之道,中
有富国安民之法,下有强兵战胜之术,皆自天机,合乎神智。观其
精智①,则黄庭八景不足以为玄;察其至要,则经传子史不足以为

文;较其巧智,则<u>孙</u>、<u>吴</u>、<u>韩</u>、<u>白</u>不足以为奇。一名<u>黄帝天机之书</u>,非奇人不以妄传,违者夺纪二十。每年七月七日,写一本藏之名山,可以加算。出三尸,下九虫,秘而重之,当传同好耳。此书至人学之得其道,贤人学之得其法,凡人学之得其殃,职分不同也。'言讫,谓<u>筌</u>曰:'日已晡矣,观子若有饥色,吾有麦饭,相与为食。'袖中有一瓢,令<u>筌</u>于谷中取水,水既满,瓢忽沉泉中。旋至树下,失母所在,但于石上得麦饭数升,食之,因绝粒。注<u>阴符经</u>,著<u>太白经</u>。<u>筌</u>后官至节度②,入山访道,不知所终。"

①观其精智:"精智",<u>太平广记</u>卷六三"<u>骊山姥</u>"引<u>集仙传</u>作"精妙"。

②后官至节度:同上书作"仕为<u>荆南</u>节度副使、<u>仙州</u>刺史"。

获铜镜

<u>博异志</u>:"<u>金陵</u> <u>陈仲躬</u>,于<u>洛阳</u> <u>清化里</u>假居。宅有古井,屡溺人。<u>仲躬</u>虽知,亦无所惧。月馀,邻有取水女子,每来井上,则逾时不去,忽堕井溺死。<u>仲躬</u>异之,间窥于井。见水影中一女子,年状少丽,妆饰依时。<u>仲躬</u>凝睇之,则以红袂掩面微笑。<u>仲躬</u>叹曰:'斯乃溺人之由也。'不顾而退。忽清旦,有人扣门,云:'<u>敬元颖</u>请谒。'<u>仲躬</u>命入,乃井中所见者,坐而讯之曰:'卿何以杀人?'<u>元颖</u>曰:'妾实非杀人者。<u>汉朝</u> <u>绛侯</u>居于此,遂穿此井,即有毒龙居之,好食人血。自<u>汉</u>以来,杀三千七百人矣。妾乃国初方堕于井,遂为龙驱使,为妖诱人,供龙所食,情非本愿。近太一使者交替,天下龙神,昨夜子时已朝太一矣,兼为<u>河南</u>旱被勘责,三数日方回。君子诚能

命匠淘井，则获脱难矣。如脱难，愿终一生奉养。世间之事，无不致知。'言讫，便失所在。仲躬命匠入井，戒之曰：'但见异物，即收之。'唯得古铜镜一枚，面阔七寸七分。仲躬令洗净，安置匣内，斯乃敬元颖者也。一更后，忽见元颖直造烛前，拜仲躬曰：'谢以生成之恩。某本师旷所铸十二镜之一，第七者也，元颖则七月七日午时铸者。贞观中，为许敬宗婢兰苕所堕，遂为毒龙所役。幸遇君子，获重见人间。然明晨，望君子急移出此宅。'将辞去，仲躬遽留之，问曰：'汝安得有红绿脂粉状乎？'对曰：'某变化无常，非可具述。'言讫，即无所见。仲躬从其言而徙之。后三日，古井顿崩，延及堂厢①，一时陷地。仲躬后文战累胜，居官要事必知，皆镜之助也。镜背有二十八字，皆科斗书，以今文推之，曰'维晋新公二年七月七日午时，于首阳山前白龙潭铸成此镜。千年万世②'。镜鼻四面题云'夷则之镜'。"

①延及堂厢："堂厢"，太平广记卷二三一"陈仲躬"条引博异志作"堂隅东厢"。

②千年万世："万"，同上书作"在"。

得金缶

宣室志："河东人李员，居长安。元和夏初，一夕，忽闻室西隅有声，纤远，不绝。俄而又闻有歌者，音韵泠泠然。员往听之，其词曰：'色分蓝叶青，音比磬中鸣。七月初七日，吾当示汝形。'员心异之。明日，命僮仆穷索，了无所见。是夕，再闻如初。后至七月六日，夜雨甚，颓其堂之北垣。明日，于颓处又闻其声。员惊而视，于

垣下得一金缶,形制奇古,叩之,声韵极长,隐隐然如有篆文,即命
涤去尘藓,读之,乃崔子玉座右铭也,然竟不知为何代所制者。"

询前程

夷坚甲志:"孙九鼎字国镇,忻州人。政和癸巳,居太学。七夕
日,出访乡人段浚仪于竹栅巷,沿汴北岸而行。忽有金紫人,骑从
甚都,呼之于稠人中,遽下马曰:'国镇,久别安乐否?'细视之,乃姊
夫张炕也,指街北一酒肆曰:'可见邀于此,少从容。'孙曰:'公富人
也,岂可令穷措大置酒。'曰:'我钱不中使。'遂至肆中,饮啖自如。
少顷,孙方悟其死,问之曰:'公死已久矣,何为在此? 我见之得无
不利乎?'曰:'不然,君福甚壮。'乃说死时及孙送葬之事,无不知
者,且曰:'去年中秋过家,见嫂姊辈饮酒自若,并不相顾。我愤恨,
倾酒壶击小女以出。'孙曰:'公今在何地?'曰:'见为皇城司注禄判
官。'孙喜,即询前程。曰:'未也。此事每十年一下,尚未见姓名,
恐多在三十岁以后,官职亦不卑下。'孙曰:'公平生酒色甚多,犯妇
人无月无之,焉得至此?'曰:'此吾之迹也。凡事当察其心,苟心不
昧,亦何所不可。'语未毕,有从者入报曰:'交直矣。'张乃起,偕行,
指行人曰:'此我辈也,第世人不识之耳。'至丽春门下,与孙别,曰:
'公自此归,切不得回顾,顾即死矣。公今已为阴气所侵,来日当暴
下,慎毋喫他药,服平胃散足矣。'既别,孙始惧甚。到竹栅巷见段
君,段讶其面色不佳,沃之以酒。至暮,归学。明日,大泻三十馀
行,服平胃散而愈。后连蹇无成,在金国十馀年,始状元及第,为秘
书少监。"

变牛妇

夷坚丙志:"信州玉山县塘南七星店民谢七妻,不孝于姑,每饭以麦,又不得饱,而自食则白秔饭。绍兴三十年七月七日,妇与夫皆出,独留姑守舍。有游僧过门,从姑乞食。笑曰:'我自不曾得饱,安得有馀?'僧指盆中秔饭曰:'以此施我。'姑摇手曰:'白饭是七娿者,我不敢动,归来必遭辱骂。'僧坚求不已,终不敢与。俄而归来,僧径就求饭。妇大怒,且毁叱之。僧哀求愈切,妇咄曰:'脱尔身上袈裟来,乃可换。'僧即脱以授之。妇反覆细视,戏披于身。僧忽不见,袈裟变为牛皮,牢不可脱,胸间先生毛一片,渐遍四体头面,稍稍成牛。其夫走报妇家,父遽至,则俨然全牛矣。"

生圣子

汉武帝故事:"景帝尝梦高祖谓己曰:'王美人生子,可名为彘。'王氏梦日入怀,以乙酉年七月七日生武帝于猗兰殿。"杜甫诗云:"猗兰奕叶光。"注云:"奕叶犹累世也。"

诞皇后

西汉后妃传:"窦皇后,观津人也。少小头秃,不为家人所齿。时遇七夕夜,皆看织女,独不许后出。忽有神光照室,为后之瑞。"

赏神童

闽川名士传：“林杰字智周，幼而聪明秀异，言发成文。年六岁，请举童子。时父肃为闽府大将，性乐善，尤好聚书。当时名公，多与之交，及有是子，益大其门。廉使崔侍郎于亟与迁职，乡人荣之。杰五岁，从父谒唐中丞扶，唐命子弟延入学院。时会七夕，堂前乞巧，因试之乞巧诗，杰援笔曰：‘七夕今宵看碧霄，牵牛织女渡河桥。家家乞巧望秋月，穿尽红丝几万条。’唐公曰：‘真神童也！’”

伤贤妇

薰庙拾英：“资阳士人妻崔氏，其夫坐事被窜远地。后因七夕，作诗以寄之曰：‘月钩辉影透珠帏，雅称人间七夕期。织女牵牛犹会遇，始知天与梦相遗。’”

晒腹书

世说曰：“晋郝隆七月七日见邻人皆曝衣物，隆乃曝腹于庭中。人问之，答曰：‘我曝腹中书耳。’”杜子美七夕诗云：“腹中书籍幽时晒，肘后医方静处看。”

曝布裈

竹林七贤论：“阮咸字仲容，与叔父籍居道南，诸阮居道北。北阮富,南阮贫。七月七日,法当曝衣,北阮庭中烂然,莫非绨锦。咸时方总角,乃以长竿标大布犊鼻裈,曝于庭中。或怪之,答曰:'未能免俗,聊复尔尔。'"东坡七夕诗云:"不用长竿矫绣衣,南园北第两参差。"

宜导引

正一旨要:"道家每岁有五腊,七月七日乃道德腊日。其日,玉帝校定生人骨髓枯盛、学业文籍、名宦隆替,可以谢罪请益神煞、超度先亡及导引摄理、舒展筋骨,不可伐树破石、食啖酸咸、乘骑临险。"

市药物

杨文公谈苑:"益州有药市,期以七月七日,四远皆集。其药物名品甚众,凡三日而罢,好事者多市取之。淳化中,有右正言崔迈,任陕路转运使。迈苦病,素有柏枕,乃令赍万钱,市药百馀品,各少取置枕中,周环钻穴,以彻其气。卧数月,得癞病,眉须尽落,投江水死。说者以为药力薰蒸,发骨节间成疾[①]。"

①发骨节间成疾:"成疾",杨文公谈苑"百药枕"条作"疾气"。

感旧念

丽情集:"爱爱杨氏,本钱塘倡家女。年十五,尚垂鬟。性喜歌舞,初学胡琴数曲,遂能缘其声以通他调。七月七日,泛舟<u>西湖</u>采荷香,为<u>金陵</u>少年<u>张逞</u>所调,遂相携潜遁。旅于京师二年,<u>逞</u>为父捕去,不及与<u>爱爱</u>别。后传<u>逞</u>已死,<u>爱爱</u>亦感疾而亡。其小婢<u>锦儿</u>,常出其故绣手藉、香囊、缬履等示人,皆郁然如新。"

占谷价

<u>百忌历</u>:"七日,大雨,籴倍贵;小雨,大贵。"

岁时广记

卷 二十九

中　元 上

吕原明岁时杂记曰："道家以七月十五日为中元节，作斋醮之会。"道经云："中元日，大宜崇福。"与佛家解夏同日。

朝圣祖

嘉泰事类仪制令："诸州立圣祖庙，三元节，州长吏率在城官朝谒。"

设神位

唐书王缙传："七月望日，内道场造设盂兰盆，缀饰镠琲，所费百万。又设高祖以下七圣神位，备幡节、龙伞、衣冠之制，各以帝号识其幡。自禁城内外，分诣诸道佛祠，铙吹鼓舞，奔走相属。是日立仗，百官班光顺门奉迎导从，岁以为常。"

作大献

道经："七月十五日中元日，地官校阅，搜选人间，分别善恶。诸天圣众，普诣宫中，简定劫数、人鬼簿录，饿鬼囚徒，一时俱集，以其日作元都大斋献①。于玉京山采诸花果异物，幡幢宝盖，精膳饮食，献诸圣众。道士于其日夜讲诵老子经，十方大圣高咏灵篇，囚徒饿鬼，一切饱满，免于众苦，悉还人中。若非如斯，难可拔赎。"

①以其日作元都大斋献："元都"，即"玄都"，盖避宋圣祖赵玄朗讳改。

行禅定

盂兰盆经："目连见亡母在饿鬼中，以钵盛饭，往饷其母，食未入口，化为火炭，遂不得食。目连大叫，驰还白佛。佛言：'汝母罪重，非汝一人奈何，当须十方众僧威神之力。至七月十五日，当为七代父母，见在父母，厄难中者，具百味五果，以着盆中，供养十方大德。'佛敕众僧，皆为施主咒愿七代父母，行禅定意，然后受食。是时目连母得脱一切饿鬼之苦，目连白佛：'凡弟子孝顺者，亦应奉盂兰盆，可否？'佛言：'大善。'故后代人因此广为华饰，以至刻木、割竹、饴蜡、翦彩、镂缯，模花果之形，极工妙之巧。"窦氏音训云："天竺所谓盂兰盆者，乃解倒悬之器。言目连救母饥厄，如解倒悬，故谓之盂兰盆。今人遂饰食味于盆中，亦误矣。"

召真圣

道藏经:"七月十五日,乃<u>太上老君</u>同<u>元始天尊</u>会集,福世界信行国土,<u>元寿观</u>中大会说法,召十方天帝、神仙、真圣之日。"

礼空王

<u>韩愈</u>直谏表:"近闻陛下七月十五日幸<u>安国寺</u>礼空王,以为崇福施信,示天下仁心。"

讲道经

明皇实录:"三元日,宜令崇元学士讲<u>道德</u>、<u>南华</u>等经①,群公咸就观礼焉。"

①宜令崇元学士讲道德南华等经:"崇元学士",即"崇玄学士",盖避<u>宋圣祖</u>赵<u>玄朗</u>讳改。

诵仙书

修行记:"七月中元乃大庆之月,长斋诵<u>度人</u>经,则福上世,身得神仙。"按<u>度人</u>经云:"七月长斋,诵咏是经。身得神仙,诸天书名。黄箓白简,削死上生。"

说妙法

真武经："尔时元始天尊于龙汉元年七月十五日,于八景天宫上元之殿,安祥五云之坐,与三十六天帝、斗极真人、无量飞天大神,玉童玉女,侍卫左右,一时同会。振动法音,天乐自响,大众忻然,咸听天尊说无上至真妙法。"

供寺院

荆楚岁时记："七月十五日,僧尼道俗,悉营盆供诸寺院。按盂兰盆经云:'有七叶功德,并幡花歌鼓果食迎送。'盖由此。"

进兰盆

唐六典："中尚署:七月十五日,进盂兰盆。"

拜表章

正一旨要："七月十五日中元,九地灵官神仙兵马,无殃数众,名山洞府神仙兵马,同下人间,校戒罪福,大宜拜表上章,祈恩谢过。"

解结夏

正法眼藏："真净和尚解夏示众云:'有问话者么?'乃以拂子击

禅床云：'天地造化，有阴有阳，有生有杀。日月照临，有明有暗，有隐有显。江河流注，有高有下，有壅有决。明王治化，有君有臣，有礼有乐，有赏有罚。佛法住世，有顿有渐，有权有实，有结有解。'乃喝云：'结也四月十五，十方法界，是圣是凡，若草若木。'以拂子左边敲云：'从这里一时结。'举拂子云：'总在佛子头上，还见么？'乃喝云：'解也七月十五，十方法界，若草若木，乃圣乃凡。'以拂子右边敲云：'从这里一时解。'举拂子云：'总在佛子头上，还见么？'乃喝云：'只如四月十五日已前，七月十五日已后，且道是解是结？'举拂子云：'总在佛子头上，还见么？'"

周法岁

荆楚岁时记："四月十五日，乃法王禁足之辰，释子护生之日，僧尼以此日就禅刹结夏，又谓之结制。盖长养之节，在外行恐伤草木虫类，故九十日安居。至七月十五日解夏，又谓之解制。经云：'四月十五日坐树下，至七月十五日为一岁，又曰法岁。'"又圆觉经云："若经首夏，三月安居。"山谷诗云："忽忆头陀云外客，闭门作夏与僧过。"韦苏州诗云："安居同僧夏，清夜讽道言。"大慧禅师结夏上堂语云："一年一度结，只是这个事。何须更多说，蹋着称槌硬似铁。"

请茶会

岁时杂记："解夏受岁，事见诸经，不可备举。近世唯禅家解结二会最盛,礼信毕集,施物丰夥。解结斋毕,长少番次召诸僧茶会,诸寮互会茶十馀日乃毕。"

祈福寿

龙城录:"金山双溪北有仙洞,中有三十二室,凡三十六里①。石刻上以松炬照之,云'刘严字仲卿,汉射声校尉。当恭显之际,极谏被贬,隐迹于此,莫知所终',道士萧至立所记也②。俗传仲卿每至中元日来降洞中③,州人以祈福寿。"

①凡三十六里:"凡",五百家注柳先生(宗元)集龙城集卷下"刘仲卿隐金华洞"条作"广"。

②道士萧至立所记也:"萧至立",同上书作"萧至玄"。

③俗传仲卿每至中元日来降洞中:同上书作"山口人时得玉篆牌,俗传刘仲卿每至中元日来降洞中,州人祈福,寻溪边得此者当巨富"。

托母胎

后汉书①:"佛以癸丑七月十五日,托生于净土国摩耶夫人腹中,至周庄王十年甲寅四月八日生。"

①后汉书:按,清姚之骃后汉书补逸卷一二引谢承后汉书有此语,并案:"此全录梵书本行经中语,范删为是。"

化云龙

宣室志:"故唐安太守卢元裕,尝以中元日设幡幢像,置盂兰盆于其间。俄闻缶中有唧唧之声,元裕视之,见一小龙,才寸许,蜿蜒可爱。以水沃之,忽长数尺。须臾,有白云自缶中起,其龙随云而去。"

念真诠

报应记:"张政,邛州人。唐开成三年七月十五日,暴亡三日,唯心上暖。初见四人来捉,行半日,至大江,阔甚,约深三尺许,细看尽是脓血,便小声念金刚经,使者色变。入城,见胡僧,长八尺馀,骂使者:'何得乱捉平人!'尽皆惊拜。及领见王,僧与王对坐,曰:'张政是某本宗弟子,被妄领来。'王判放去,见使者皆着大枷。僧自领政出城,谓之曰:'汝识我否?我是须菩提。'乃知是持经之力,再三礼拜。僧曰:'弟子合眼。'僧以杖一击,不觉失声,乃活。"

归旧姬

丽情集:"进士赵嘏,家于浙西,有姬纤丽,嘏甚惑之。洎预计偕,将携西上,为母氏阻而不行,且留鹤林寺。值中元斋会,居人仕女,竞游赏之。赵姬亦往,浙帅窥之,乃强致去,因为掩有。嘏知之,亦无奈何。明年登第,乃以一绝箴之曰:'寂寞堂前日又曛,阳台去作不归云。当时闻说沙吒利,今日青娥属使君。'浙帅得诗不自安,乃遣归。”

感仙叟

续玄怪录①:"杜子春者,周、隋间人。少落魄,纵酒浪游,资生荡尽。方冬,衣破腹空,徒行长安。日暮未食,饥寒之色可掬,仰天长吁。俄有老人前,问曰:'君子何叹?'子春言其心,老人袖出一缗曰:'给子今夕。明日午时,俟子于西市波斯邸。'及时,子春往,老人与钱百万,不告姓名而去。子春既富,荡心复炽。二年而尽,去马而驴,去驴而徒,复无计,自叹于市门。发声而老人至,握其手曰:'吾将复济子,几缗②?明日午时,来前期处。'子春忍愧而往,得钱一千万。钱既入手,纵适如故,不四年间,贫过昔日。复遇老人于故处,子春负愧,掩面而走。老人牵裾问之,因与钱三千万,曰:'此而不痊,则子贫在膏肓矣。'子春曰:'感叟深惠,唯叟所使。'老人曰:'来岁中元日,见我于老君祠双桧下。'子春及期而往,老人方啸于桧阴,遂相与同登华山云台峰。室屋严洁③,堂中有药炉,紫焰光发,玉女环立左右,龙虎分据前后。日已将暮,老人黄冠绛帔,持丹三丸④,酒一卮,遗子春食讫,戒曰:'慎勿言语,万苦皆非真实。一念吾言,安心无惧。'老人适云⑤,而千乘万骑,呵声震天。有一人称大将军,拔剑直入堂中,叱问姓名,催斩争射之声如雷,子春不对。俄猛虎毒龙,狻猊蝮蛇,争欲搏噬,子春神色不动。既而风雨雷电,水深丈馀,瞬息波及坐下,子春端坐不顾。将军复引牛头狱卒,置大镬汤,当心叉置镬中,又不应。因执其妻于前,鞭箠流血,斫煮烧射,寸寸剉之,妻号哭曰:'得君一言,即全性命。'子春竟不言。将军曰:'此贼妖术已成。'敕左右斩之。领魂魄见阎王,曰⑥:'此乃云台峰妖民,押付狱中。'于是镕铜铁杖,碓捣硙磨,火坑镬汤,刀山剑树之苦,无不备尝。然心念老人之言,似亦可忍,竟不呻吟。王曰:'此人阴贼,令作女人,配生王县丞家。'容色绝代而口哑⑦,亲戚侮之,终不对。进士卢珪,慕其容而娶之,恩情甚笃。生一男,聪慧无敌。抱儿与言,终无辞。卢大怒曰:'为妻所鄙,安用其子!'乃持两足,以头扑于石上,血溅数步。子春爱生于心,不觉失声云:'噫。'噫声未息,身坐故处,老人亦在前,已五更矣。见紫焰穿屋,大火四合,屋室俱焚。老人叹曰:'误予如是。子之心,喜怒哀惧恶欲皆能忘也,所未臻者,爱而已。使子无噫声,吾之药成,子亦上仙矣。嗟乎! 吾药可重炼,而子之身犹容世界。'指路使归,叹恨而去。"

①续玄怪录:本条见今本玄怪录卷一,而太平广记卷一六"杜子春"条则谓"出续玄怪录"。

②几缗:同上书句后有"方可"二字。

③室屋严洁:与上文语句不相连属,同上书句前有"见一处"三字。

④持丹三丸:"丹",同上书作"白石"。

⑤老人适云;同上书作"道人适去",此误。

⑥曰:同上书作"王曰"。

⑦容色绝代而口哑:同上书句前有"俄而长大"四字。

遇神妪

传奇:"贞元中,有崔炜者,居南海。时中元日,番禺人多陈设珍异于佛庙,炜往观之。见丐妪因蹶覆人酒瓮,当炉者殴之^①,炜脱衣代偿其值。异日,妪来告炜曰:'谢子脱难。吾善炙^②,今有少艾奉子,不独愈苦,兼获美艳。'炜后游海光寺,遇僧赘生于耳,试出炙之,一炷而愈。僧感之,谓曰:'贫道无以奉酬,此山下有任翁者,亦有此疾,君能疗之,当获厚报,请为书导之。'炜至,亦一炷而愈。翁以十千谢炜^③,因留之数日。炜素善丝竹,闻堂前弹胡琴,诘家童,知为翁之爱女。因请琴弹之,女潜听有意焉。翁家事鬼曰独神^④,每三岁必杀一人祭之。时求人未获,翁遽负惠,欲中夜杀炜为飨。女潜出告之,炜恐,携艾破户急遁。俄失足坠巨穴中,及晓,视穴中,有白蛇盘屈,长数丈,吻亦有赘。炜欲疗之,以无烛不遂。忽有延火飘入^⑤,炜因出艾炙之,赘应手坠地。蛇乃吐珠径寸,意若酬炜,炜不受,但以归计祷之。蛇乃咽其珠,蜿蜒将有所适,炜遂跨蛇而去。行可数里,抵一石门。炜谓已达人世,入户,但见一室空阔,中有帐帷、器玩、琴瑟之属。炜取琴弹之,俄有小青衣出,笑曰:'玉京子送崔郎至矣。'遂却走入。须臾,有四女皆垂鬟髻而出,谓炜曰:'崔子何得擅入皇帝玄宫?'炜舍琴,问曰:'皇帝何在?'女曰:'暂赴祝融宴尔。'女命炜就榻再弹,酌醴传觞。炜乃叩求归计,女曰:'幸且暂驻。少顷,羊城使者当来,可以随往。然皇帝已配田夫人,令奉箕帚,夫人即齐王之女,便可相见。'遂命侍女召夫人,夫人辞以未奉帝诏不至。逡巡有日影入坐,炜举首,见一穴隐隐然睹人间天汉。俄有一白羊自空冉冉而下,背有一丈夫,执大笔,兼封一青竹简,上有篆字。女酌醴饮使者曰:'崔子欲归番禺,愿为挈往。'使者许诺。女曰:'皇帝有敕,令与君阳燧珠,有胡人具十万缗易之。'遂取珠授炜。炜曰:'炜不曾谒帝,何赆遗如是?'女曰:'帝感君先人之惠,故尔。'乃命侍女书于羊城使者笔管上,云'千岁荒台隳路隅,一章太守重椒涂⑥。因君拂拭意何极,报尔佳人与明珠'。女复谓炜曰:'中元日,须竢于广州蒲涧寺,吾辈当送田夫人至。'炜告别,欲蹑羊背,女曰:'知有鲍姑艾,可留少许。'炜留艾而去。瞬息出穴,遂失使者与羊所在。炜至舍,已三年。乃抵波斯邸鬻珠,有老胡人见之曰:'此我大食国阳燧珠也。昔南越王赵佗,使异人盗归番禺,千载矣。君必入彼墓中来,不然,安得斯宝也。'炜以实告,胡人具十万缗易之。后有事于广州城隍庙,忽见神像有类使者,入睹神笔,上有细字,乃女所题。是知羊城即广州城,而庙有五羊焉。及登越王台,睹先人诗云:'越井岗头松柏老,越王台上生秋草。古墓多年无子孙,野牛践踏成官道。'乃询其主者,主者曰:'徐大夫绅感崔侍御诗,故有此粉饰尔。'后将及中元,炜遂于蒲涧僧室竢之。夜半,果四女送田夫人至。炜遂与夫人归家,诘夫人曰:'既是齐王女,何以远配南越?'夫人曰:'某遭越王虏为嫔御,王崩,因以为殉。'又问昔四女,曰:'俱当时为殉者。'又问鲍姑,曰:'鲍靓女,葛洪妻也,多行灸道于南海。'又问:'呼蛇为玉京子,何也?'曰:'安期生长跨斯龙而朝玉京,故号之也。'炜后絜室访道,不知所适。"

①当炉者殴之:"炉",太平广记卷三四"崔炜"条引传奇作"垆",此误。

②吾善炙:"炙",同上书作"灸",此误。下文"炙"字同。

③翁以十千谢炜:"十千",同上书作"十万"。

④翁家事鬼曰独神:"独神",同上书作"独脚神",此误。

⑤忽有延火飘入:"延",同上书作"遥",此误。

⑥一章太守重椒涂:"章",同上书作"烦",此误。

岁时广记

卷 三十

中　元　下

献先祖

皇朝东京梦华录:"中元节先数日,京都市井卖冥器,靴鞋、幞头、帽子、金犀假带、五彩衣服。以纸糊架子,盘街出卖。潘楼并州东西瓦子亦如七夕,要闹处亦卖果食、种生、花果之类,及印卖尊胜经、目连经。又以竹竿斫成三脚,高三五尺,上织灯窝之状,谓之盂兰盆,挂搭冥钱、衣服在上,焚之,以献先祖。"

祭父母

岁时杂记:"律院多依经教作盂兰盆斋,人家大率即享祭父母祖先,用瓜果、楝叶、生花、花盆、米食,略与七夕祭生、女同。又取麻谷长本者,维之几案四角。又以竹一本,分为四五足,中置竹圈,谓之盂兰盆,画目连尊者之像插其上。祭毕,加纸币焚之。"魏国公韩琦家祭式云："近俗七月十五日有盂兰盆斋者，盖出释氏之教，孝子之心，不忍违众而忘亲，今定为斋享。"

拜新坟

东京梦华录："京师城外有新坟者，即往拜扫。禁中亦出车马，诣道者院谒坟。本院官给祠部十道，设大会，焚钱山，祭军阵亡殁，设孤魂道场。"

设素食

钱状元家世范："近世以七月十五日为烧衣节，盖本浮屠之说，不足依据。然佛老宫祠，所在有之，亦祖考平生游息更衣之地，因设素食于此烧之，理亦可行。"

告秋成

东京梦华录："中元前一日，即卖楝叶，享祀时铺衬桌面。又卖麻谷窠儿，亦系在桌子脚上，乃告祖先秋成之意。十五日，供养祖先素食，才明，即卖穄米饭，巡门叫卖，亦告成之意也。穄米乃黄穋米也，或谓之黄鸟儿饭，以供佛祭亲。"

论时务

开元遗事："明皇在便殿，甚思姚元崇论时务。七月十五日，苦雨不止，泥泞盈尺，上令侍御者抬步辇召学士来。时元崇为翰长，中外荣之。自古急贤待士帝王如此者，未之有也。"

休假务

嘉泰事类假宁格："三元各假三日，前后各一日。"又假宁令云："诸假皆休务，三元前后准此。"又军防格云："中元节，诸军住教一日。"

罢观灯

岁时杂记："开宝元年，诏中元张灯三夜，唯正门不设灯。上御宽仁楼。太平兴国四年，诏下元依中元例，张灯三夜。淳化元年，诏罢中元、下元观灯。"

禁采鱼

唐百官志："河渠令^①：三元日，非官祠不采鱼。"三元者，上元、中元、下元也。

①河渠令："令"，当作"署"，此误。按新唐书百官志三："（都水监）河渠署：令一人，正八品下；丞一人，正九品上。掌河渠、陂池、堤堰、鱼醢之事。凡沟渠开塞，渔捕时禁，皆颛之。飨宗庙，则供鱼鮆"，"供祠祀，则自便桥至东渭桥禁民渔。三元日，非供祠不采鱼。"

收萍草

本草:"水萍,无毒,以沐浴,生毛发,久服轻身。一名水花,一名水白,一名水苏。"琐碎录云:"七月十五日,取赤萍,用筲箕盛晒干,为末。遇冬雪寒,水调三钱服,又用汉椒末擦身上,则热。"高供奉采萍时日歌云:"不在山,不在岸,采我之时七月半。选甚瘫风与缓风,訾小微风都不算①。豆淋酒内下三丸,铁幞头上也出汗。"

①訾小微风都不算:"訾",证类本草卷九"水萍"条引高供奉采萍时日歌作"些",此误。

拾圣柰

洽闻录:"河州凤林关有灵岩寺,每七月十五日,溪穴流出圣柰,大如盏。岁以为常。"

取佛土

四时纂要:"七月十五日,取佛座下土着脐中,能令人多智,厌火灾。"博异志:"元和中,内侍刘希昂将遇祸。七月十五日,日中,忽有一红衣女子独行至门,曰:'缘游看,去家远,暂借后院盘旋,可乎?'希昂令借之,敕家人领过,姿质甚分明。良久不见出,遂令人觇之,已不见。希昂不信,自往观之,无所有,唯有一火柴头在厕门前。家属相谓曰:'此乃火灾欲起也,必须觅术士镇厌之。'当镇厌之日,火从厨上发,烧半宅且尽。至冬,希昂忤宪宗,遂族诛①。"

①遂族诛:"遂",太平广记卷三七三"刘希昂"条引博异志作"罪"。

感诈鬼

夷坚丁志:"抚州南门黄柏路居民詹六、詹七,以接鬻缣帛为生。其季曰小哥,尝赌博负钱,畏兄箠责,径窜逸他处,久而不返。母思之益切,而梦寐、占卜皆不祥,真以为死矣。会中元盂兰斋前一夕,詹氏罗纸钱以待享,薄暮,若有幽叹于外者。母曰:'小哥真死矣,今来告我。'取一酹钱,祝曰:'果为吾儿,能擎此钱出,则信可验,当求冥助于汝。'少焉,阴风肃肃,类有人探而出之者,母兄失声哭,亟呼僧诵经拔度,无复望其归矣。后数月,忽从外来。伯兄曰:'鬼也!'取刀将逐之,仲遽抱之曰①:'未可。'稍前谛视,问其死生。弟曰:'本惧杖而窜,故诣宜黄受佣,未尝死也。'乃知前事为鬼所诈云。"

①仲遽抱之曰:"之",夷坚志丁志卷一五"詹小哥"条作"止"。

除蟒妖

玉堂闲话:"南中有选仙场,在峭崖之下。其绝顶有洞穴,相传为神仙之窟宅也,每年以中元日,拔一人上升。学道者筑坛于下,至时,则远近冠帔咸萃于斯。备科仪,设醮斋,焚香祝祷,七日而后,众推一人道德最高者,严洁至诚,端简立于坛上,馀皆惨然诀别而退,退即遥顶礼瞻望之。于时有五色祥云,徐自洞门而下,至于

坛场。其道高者,冠衣不动,合双掌,躔祥云而上升,观者靡不涕泗
健羡,望洞门而作礼。如是者不可枚数矣。有道高合选者,忽来中
表间一比丘,自武都山相与话别。比丘怀雄黄一斤许,赠之曰:'道
中唯重此药,请密置于腰腹之间,慎勿遗失之。'道高者甚喜,遂怀
而升坛。至时,果躔云而上。后旬馀,比丘从崖傍攀缘造其洞①,见
一大蟒蛇腐烂其间,前后上升者骸骨山积于巨穴之间。盖五色祥
云者,蟒毒气,常呼吸此无知道士充其腹。哀哉!"

①比丘从崖傍攀缘造其洞:太平广记卷四五八"选仙场"条引
玉堂闲话作"后旬馀,大觉山岩臭秽。数日后,有猎人自岩旁攀缘
造其洞"。

见故夫

夷坚乙志:"成都人承信郎王祖德,绍兴三十一年来临安,得监
邛州作院。既之官矣,闻虞并甫以兵部尚书宣谕陕西,即求四川制
置司楸,以禀议为名,往秦州上谒。未及用,以岁六月客死于秦。
虞公遣卒护其枢,且先以讯报其家。王氏即日发丧哭,设位于堂,
既而枢至。蜀人风俗重中元节,率以前两日祀先,列荤馔以供,及
节日,则诣佛寺为盂兰盆斋。唯王氏以有服,但用望日就几筵办
祭。正行礼未竟,一卒抱胡床从外入,汗流彻体,曰:'作院受性太
急,自秦州兼程归,凡四昼夜抵此,将至矣。'俄而六人舁一轿至,亦
皆有悴色。轿中人径升于堂,据东榻坐,乃祖德也。呼其妻,语曰:
'欲归甚久,为虞尚书苦留,近方得脱。行役不胜倦,传闻人以我为
死,欲坏我生计,尔当已信之。'妻曰:'向接虞公书,报君殁于秦,灵

輀前日已至,何为尔?'始笑曰:'汝勿怖,吾实死矣。吾闻家中议卖宅,宅乃祖业也,安得货! 吾所宝黄筌、郭熙山水,李成寒林,凡十轴,闻已持出议价。吾下世几何时,未至穷乏,何忍遽如是。吾思家甚切,无由可归,今日以中元节,冥府给假,故得暂来,然亦不能久。'又呼所爱婢子,恩意周尽。是时,一家如痴,不能辨生死。忽青烟从地起,跬步不相识。烟止,寂无所见。"

会鬼妃

传奇:"会昌中,进士颜濬下第,游广陵,遂之建业,赁舟抵白沙。同载有青衣,年二十许。濬问姓氏,对曰:'幼芳姓赵氏,亦往建业。'每舣舟,濬即买酒同饮,多说陈、隋间事。濬或谐谑,即敛衽正色。及抵白沙,各迁舟航。青衣谢曰:'数日承君深顾,自嫌陋拙,不足奉欢笑。然亦有一事,可以奉酬。中元必游瓦官阁,此时当为君类会一神仙中人[①]。况君风仪才调,亦甚相称。'约至时,某候于彼。言讫,各登舟而去。濬志其言,中元日,决游瓦官阁,士女阗咽,及登阁,果有美人,从二女仆,皆双鬟而有媚态。美人倚栏悲叹,濬注视不易。美人亦讶之,乃曰:'幼芳之言不谬耳。'使双鬟传语曰:'西廊有阇梨院,请君至彼。'濬喜而往,果见同舟青衣出而微笑,濬遂并与美人叙寒暄。僧进茶果,少顷而谓濬曰:'今日幸接言笑,妾家在青溪,颇多松月,室无他人,今夕必相过。某前往,可与幼芳后来。'濬然之,遂乘轩而去。及夜,幼芳引濬前行,可数里方至。有女童数辈,秉烛迎入内室环坐,继邀孔家娘子曰:'今夕偶有佳宾相访,幸同倾觞。'少顷而至,濬因起,白曰:'不审夫人复何姓第?'答曰:'某即陈朝张贵妃,彼即孔贵嫔,居世谬当后主眷顾,不幸国亡,为杨广所杀。幼芳乃隋宫御女也。'因话前朝故事,孔贵嫔曰:'往事休论,不如命酒延欢。'遂呼双鬟持乐器,洽饮久之。贵妃咏诗一章曰:'秋草荒台响夜虫②,白杨凋尽减悲风。彩笺曾擘欺江总,绮阁尘消玉树空。'孔贵嫔曰:'宝阁排空称望仙,五云高艳拥朝天。青溪犹有当时月,应照琼花绽绮筵。'幼芳曰:'皓魄初圆恨翠娥,繁华秾艳竟如何。南朝唯有长江水,依旧行人作逝波。'濬亦和曰:'箫管清吟怨丽华,秋江寒月绮窗斜。惭非后主题笺客,得见临春阁上花。'顷之,闻鸡鸣,孔贵嫔等谢酒辞去,濬与贵妃就寝。欲曙而起,贵妃赠以辟尘犀簪一枚,曰:'异日睹物思人。昨宵客多,未尽欢情,别日更卜一会。'呜咽而别。濬翌旦惝然若有所失。信宿后,更寻曩日地,则近青溪松桂丘墟,询之于人,乃陈朝宫人墓也,惊恻而返。回过广陵,访炀帝旧陵,果有宫人赵幼芳墓,因以酒奠之。"

①此时当为君类会一神仙中人:"类"字疑衍,按太平广记卷三五〇"颜濬"条引传奇无此字。

②秋草荒台响夜虫:"虫",同上书作"螽"。

赛离舍

燕北杂记:"七月十三日夜,戎主离行宫,向西三十里卓帐宿,先于彼处造酒食。至十四日,应随从诸军,并随部落,动番乐设宴。至暮,戎主却归行宫,谓之迎节。十五日,动汉乐大宴。十六日早,却往西方,令随行军兵大嗷三声,谓之送节。番呼此节为'赛离舍'。汉人译云'赛离'是月,'舍'是好。谓月好也。"

岁时广记

卷 三十一

中　秋 _上

　　方是闲居士中秋玩月记云："中秋玩月，古今所同者也。虽古今所同，然故实所始，骚人雅士，不多见于载籍，后世未尝无遗恨焉。惟唐四门助教欧阳公，贞元十二年，与邵楚苌、林蕴、陈诩客长安邸中，修厥玩事，赋诗叙景，曲尽其妙。且谓月之为玩，冬则繁霜太寒，夏则蒸云蔽月，云蔽月，霜侵人，蔽与侵，俱害乎玩。秋之于时，后夏先冬，八月于秋，季始孟终，十五于夜，又月之中。稽诸天道，则寒暑均，取于月数，则蟾兔圆。埃塲不流①，太空悠悠，芳菲徘徊，搏华上浮，升东林，入西楼，肌骨与之疏凉，神魂与之清冷，斯古人所以为玩也夫。"

　　①埃塲不流：方是闲居士小稿（宋刘学箕撰）卷下中秋玩月记句前有"况"字。

科举年

会要："太祖乾德四年，始开科举，诏诸州以八月十五日试乡举。"又琐碎录云："科举年，中秋必有月。四川以八月十五日省试。"

端正月

玉麈佳话："前辈名中秋月为端正月。昌黎月诗云：'三秋端正月，今夜出东溟。'又前辈诗云：'去年中秋端正月，照我衣襟万条血。'又唐人中秋诗云：'端正月临端正树，韵香人在韵香楼。'端正树、韵香楼，皆明皇故事。"

同阴晴

使燕录："中秋天色，阴晴与夷狄同。"又东坡云："故人史生为余言，尝见海贾云：'中秋之月，虽相去万里，他日会合相问，阴晴无不同者。'"公集中有中秋诗云："尝闻此宵月，万里同阴晴。"

遇阴晦

石林诗话："晏元献公守南都，王君玉时在馆阁校勘，公特请于朝，以为府签判。宾主相得，日以赋诗饮酒为乐，佳时胜日，未尝辄废。尝遇中秋阴晦，公厨凤为备，公适无命，既至夜，君玉密使人伺公，曰：'已寝矣。'君玉亟为诗以入，曰：'只在浮云最深处，试凭弦管一吹开。'公枕上得诗，大喜，即索衣起，径召客治具大合乐。至夜分，果月出，遂饮乐达旦。"

置赏会

随唐佳话①："李愬隐首阳山。中秋夕，与友人携酒望月。愬曰：'若无明月，岂不愁杀人也。'"杜子美诗云："若无青嶂月，愁杀白头人。"

①随唐佳话：直斋书录解题作"隋唐嘉话"。按，直斋书录解题卷一一："隋唐嘉话一卷，刘餗撰。"

备文宴

天宝遗事："苏颋与李乂对掌纶诰，八月十五夜，与禁中直宿诸学士玩月，备文酒之宴。时长天无云，月色如昼。苏曰：'清光可爱，何用灯烛。'遂命撤去。"

结彩楼

东京梦华录："中秋节前，京城诸酒店重新结络门面彩楼，花头画竿，醉仙锦旆。中秋日，皆卖新酒，市人争饮。至午未间，家家无酒，拽下望子。是时螯蟹新出，石榴、榅勃、梨、栗、孛萄、枨橘皆新上市。"

饰台榭

东京梦华录："中秋夜，市肆贵家，结饰台榭，民间争占酒楼玩月,丝竹鼎沸。近内庭居民,夜深遥闻笙竽之声,宛在云外。闾里儿童,连宵嬉聚。夜市骈阗,至于通晓。"

观江涛

文选枚乘七发:"客曰:'将以八月之望,与诸侯并往观涛于广陵之曲江。'"詹克爱中秋即事云:"前年中秋秋月高,钱塘江上观风涛。"

泛夜舫

晋书:"袁宏孤贫,运租自业。谢尚时镇牛渚,八月十五夜,乘月与左右微服泛江。会宏在舫中讽咏解闷,即其咏史之作。尚迎升舟与谈,达旦不寐,自此名誉日茂。"

赏云海

本事词:"李丞相纪退居三山①,寓居东报国寺,门下多文士从游。中秋夜宴,座上命何大圭赋水调歌头,云:'今夕出佳月,银汉泻高寒。风缠云卷,转觉天陛玉楼宽。疑是金华仙子,又喜经年药就,倾出玉团团。收拾江河影,都向镜中蟠。 横霜笛,吹明影,到中天。要令四海瞻望,千古此轮安。何岁何年无月,唯有谪仙著语,高绝不能攀。我欲唤空起,云海路漫漫。'后有赏月亭,名云海。"

①李丞相纪退居三山："纪"，按"李丞相"当指李纲（1083—1140），字伯纪，宋史卷三五八有传。

讽水利

乌台诗话："熙宁六年，任杭州通判。因八月十五观潮，作诗五首，写在本州安济亭。前三首并无讥讽，至第四首云：'吴儿生长狎涛渊，冒利忘生不自怜。东海若知明主意，应教斥卤变桑田。'盖言弄潮之人贪官中利物，致其间有溺而死者，故朝廷禁断。轼谓主上好兴水利，不知利少害多。言'东海若知明主意，应教斥卤变桑田'，言此事之必不可成，讥讽朝廷水利之难成也。"

分秋光

古乐府有孀娥怨之曲，注云："汉人因中秋无月，而度此曲。所谓孀娥者，盖指言月中姮娥也。"罗隐中秋不见月诗云："风帘淅淅漏银雯①，一半秋光此夕分。天为素娥孀怨苦，故教西北起浮云。"又前辈尝有中秋词云："唤起孀娥，撩云拨雾，驾出一轮玉。"后人传写之讹，遂以"孀娥"为"姮娥"，殊失从来作者之本意也。

①风帘淅淅漏银雯："银雯"，唐人万首绝句卷七一、全唐诗卷六六五罗隐中秋不见月作"灯痕"。

作春阴

王氏诗话："吕申公在扬州日，因中秋，令秦少游预作口号，有

'照海旌幢秋色里,沸天鼓吹月明中'之句。是夜却微阴,公笑云:'使不着也。'少游遂别作一篇,乘联云:'自是我公多惠爱,却回秋色作春阴。'真所谓翻云手也。"

得佳联

漫叟诗话:"南唐金轮寺有僧曰明光者,先一年中秋玩月,得诗一联云:'团团离海角,渐渐出云衢。'竟思下联不就。次年中秋,再得一联云:'此夜一轮满,清光何处无。'遂不胜其喜,径登寺楼鸣钟。时有善听声者闻之,此钟发声通畅,若非诗人得句,即是禅僧悟道,验之果然。好事者有诗云:'为思银汉中秋月,误击金轮半夜钟。'"

作寿诗

隐居诗话:"李文定公迪八月十五日生,杜默作中秋月诗以寿公。凡数百言,皆以月祝文定。其警句有云:'蟾吐辉光育万重,我公蟠曲为心胸','老桂根株撼不折,我公得此为清节','孤轮辗空周复圆,我公得此为机权','馀光烛物无洪细,我公得此为经济',终篇大率如此。虽造语儇浅,亦豪爽。"

进新词

复雅歌辞:"'明月几时有?把酒问青天。不知天上宫阙,今夕是何年。我欲乘风归去，又恐琼楼玉宇，高处不胜寒。起舞弄清影，何似在人间。　转朱阁，低绮户，照孤眠。不应有恨，何事长向别时圆？人有悲欢离合，月有阴晴圆缺，此事古难全。但愿人长久，千里共婵娟。'是词乃东坡居士以丙辰中秋，欢饮达旦，大醉作水调歌头，兼怀子由，时丙辰熙宁九年也。元丰七年，都下传唱此词，神宗问内侍外面新行小词，内侍录此进呈。读至'又恐琼楼玉宇，高处不胜寒'，上曰：'苏轼终是爱君。'乃命量移汝州。"

应制曲

复雅歌词："宣和间，万俟雅言中秋应制，作明月照高楼慢，云：'平分素商。四垂翠幕，斜界银潢。颢气通建章。正烟澄练色，露洗水光。明映波融太液，影随帘挂披香。楼观壮丽，附霁云耀，绀碧相望。　宫妆。三千从赭黄。万年世代，一部笙簧。夜宴花漏长。乍莺歌断续，燕舞回翔。玉座频燃绛蜡，素娥重按霓裳。还是共唱御制词，送御觞。'"

著绝唱

雅言杂载："廖凝字熙绩，善吟讽，有学行，隐居南山三年。江南受伪官为彭泽令，迁连州刺史。与升州李建勋为诗友，相善。有诗集行于世，咏中秋月诗最为绝唱：'九十日秋色，今宵已十分。孤光吞列宿，四面绝微云。众木排疏影，寒流叠细纹。遥遥望丹桂，心绪正纷纷。'"

歌绝句

王直方诗话:"东坡作彭门守时,过齐州李公择。中秋,席上作一绝云:'暮云收尽溢清寒,银汉无声转玉盘。此宵此景不长好,明月明年何处看?'此后山谷在黔南,令以小秦王歌之。"

述幽意

古今词话:"'月到中秋偏莹。乍团圆、早欺我孤影。穿帘共透幕,来寻趁。钩起窗儿,里面故把、灯儿扑烬。 看尽古今歌咏。状玉盘、又拟金饼。谁花言巧语、胡厮脡。我只道、尔是照人孤眠,恼杀人,旧都名业镜。'野人曰:'此词极有才调,巧于游戏也。但不知在地狱对着业镜,有甚情缀词。'予以谓野人所谓'在地狱对着业镜',然业镜不必在地狱中也。凡人对镜有不称意,必扑镜而叹曰'业镜'也。中秋夜月照人孤眠,称为业镜,以状景写意及于此也。野人之言,其责太过耳。"

遇知音

古今词话:"嘉祐间,京师殿试,有一南商,控细鞍骢马于右掖门,俟状元献之。日未曛,唱名第一人乃许将也,姿状奇秀,观者若堵,自缀临江仙曰:'圣主临轩亲策试,集英佳气葱葱。鸣鞘声震未央宫。卷帘龙影动,挥翰御烟浓。 上第归来何事好,迎人花面争红。蓝袍香散六街风。一鞭春色里,骄损玉花骢。'后帅成都,值中秋府会,官妓献词送酒,仍别歌临江仙曰:'不比寻常三五夜,万家齐望清辉。烂银盘透碧琉璃。莫辞终夕看,动是隔年期。　试问嫦娥还记否? 玉人曾折高枝。明年此夜再圆时,阁开东府宴,身在凤凰池。'许问谁作词,妓白以西州士人郑无党词。后召相见,欲荐其才于廊庙。无党辞以无意进取,惟投牒理逋欠数千缗。无党为人不羁,长于词。盖知许公临江仙最喜歌者,投其所好也。"

写所怀

古今词话:"东坡在黄州,中秋夜,对月作西江月词曰:'世事一场大梦,人生几度新凉。夜来风叶已鸣琅,看取眉头鬓上。　酒浅常愁客少,月明多被云妨。中秋谁与共孤光,把盏凄凉北望。'坡以谗言谪居黄州,郁郁不得志,凡赋诗缀词,必写所怀。然一日不负朝廷,其怀君之心,末句可见矣。"

识旧事

玉局文:"予十八年前中秋,与子由观月彭城,作一诗,以阳关歌之。今复歌此,宿于赣上,方南迁岭表,独歌此曲,聊复书之,以识一时之事。虽未觉有今夕之悲,但悬知为他日之喜也。'行歌野哭两相悲,远火低星渐向微。病眼不眠非守岁,乡音无伴苦思归。重衾脚冷知霜重,新沐头轻感发稀。多谢残灯不厌客,孤舟一夜许相依。'"

借妓歌

古今词话："柳耆卿与孙相何为布衣交,孙知杭州,门禁甚严。耆卿却见之不得①,作望海潮之词,往谒名妓楚楚,曰:'欲见孙相,恨无门路。若因府会,愿借朱唇,歌于孙相公之前。若问谁为此词,但说柳七。'中秋府会,楚楚宛转歌之,孙即日迎耆卿预坐。词曰:'东南形胜,三吴都会,钱塘自古繁华。烟柳画桥,风帘翠幕,参差十万人家。云树绕沙堤②。怒涛卷雪屋,天堑无涯。市列珠玑,户盈罗绮豪奢③。　重湖叠巘清佳。有三秋桂子,十里荷花。羌管弄晴,菱歌泛夜,嬉嬉钓叟莲娃。千骑拥高牙。乘醉听箫鼓,吟赏烟霞。异日图将好景,归去凤池夸。'"

①耆卿却见之不得:"却",宋杨湜古今词话作"欲"。
②云树绕沙堤:"沙堤",柳永乐章集卷下作"堤沙",此误。
③户盈罗绮豪奢:同上书"豪奢"前有"竞"字。

拾桂子

南部新书:"杭州灵隐山多桂,寺僧云月中种也。至今中秋夜,往往子坠,寺僧亦尝拾得。"汉武洞冥记云:"有远飞鸡,朝往夕还,常衔桂实归南土,所以北方无。"今江东诸处①,每四五月后,多于衢路间得之。大如狸豆,破之辛香,古老相传是月中下也。本草云:"取月桂子,碎傅耳后月蚀耳疮。"白乐天题灵隐诗云:"山寺月中寻桂子。"宋之问游灵隐寺行吟云:"桂子月中落,天香云外飘。"又云:"唐垂拱中,天台桂子落,十馀日方止。"东坡八月十七日夜诗云:

"天台桂子为谁香。"白乐天诗云:"天台桂子落纷纷。"苏子美中秋对月诗云:"风应落桂子,露恐滴金波。"

①今江东诸处:此下至"古老相传是月中下也",今失出处,实则录自证类本草卷一三引陈藏器本草拾遗。

视金蟆

酉阳杂俎:"长庆中,有人于中秋夜,见月光下属于林间如匹练,就视之,一金背虾蟆,疑月中者。"陈简斋诗云:"明年强健更相约,会见林间金背蟆。"

筑高台

天宝遗事:"明皇尝八月十五夜,与贵妃临太液池,凭栏望月,不尽帝意,遂敕左右:'于池西岸别筑高台,吾与妃子来年望月。'后经禄山之兵,不复置焉,惟有基址而已。"

求卜筮

翰府名谈:"何龙图中正初登第①,闻西川郭从周精卜筮,乃以缣素求一占。郭以诗赠公云:'三字来时月正圆,一麾从此出秦关。钱塘春色浓如酒,贪醉花间卧不还。'公后八月十五日改知制诰,因言边事,出知秦州,移知杭州,乃捐馆舍,多何②。郭君卜筮之明如此。"

①何龙图中正初登第："中正"，新编分门古今类事卷一二"从
周诗卜"条引翰府名谈作"中立"，此误。按，何中立字公南，宋史卷
三〇二有传。

②多何：疑当作"多合"。又同上书无此二字，疑衍。

食东壁

郇侯传："八月望夜，月食东壁。李泌曰：'吾当亡矣。东壁，图
书之府也。且谶云："大臣有文章者当之。"今吾为相，又兼集贤之
职。开元中，张燕公罢相为集贤学士。将薨而日食东壁，况吾正为
之乎?'未几，果不起。"

种罂粟

博闻录："常言重九日种罂粟，一云中秋夜种，则罂大子满。种
讫，以竹帚扫之，花乃千叶。两手重叠撒种，则开重台花。"

占乔麦

琐碎录："中秋无月，则兔不孕，蚌不胎，乔麦不实。盖缘兔蚌
望月而孕胎，乔麦得月而实。"

珠贵贱

岁时杂记："珠之贵贱，视中秋月之明暗。明则珠多，暗则珠

少。"又<u>东坡</u>曰："尝见海商云:'中秋有月,则是岁珠多而圆,常以此候之。'"

兔多少

<u>岁时杂记</u>:"世传中秋月圆则兔多,阴则兔少。"

岁时广记

卷三十二

中　秋

登银桥

唐逸史：“罗公远，本鄂州人也。开元中，中秋望夜，侍元宗于宫中玩月①。公远奏曰：‘陛下莫要至月中看否？’乃取拄杖，向空掷之，化为大桥，其色如银。请元宗同登，约行数十里，精光夺目，寒气侵人，遂至大城阙。远曰：‘此月宫也。’见仙女数百，皆素练宽衣，舞于广庭。元宗问曰：‘此何曲也？’曰：‘霓裳羽衣曲也。’元宗密记其声调，遂回。却顾其桥，随步而灭。旦召伶官，依其声作霓裳羽衣之曲。”刘禹锡诗云：“三乡陌上望仙山，归作霓裳羽衣曲。”

①侍元宗于宫中玩月：“元宗”，即唐玄宗李隆基，盖避讳改。下同。

奏玉笛

集异记：“元宗尝八月望夜，与叶法善同游月宫，聆月中奏乐。

上问曲名,曰:'紫云曲也。'元宗素晓音律,默记其声。归传其音,名曰霓裳羽衣。自月宫还,过潞州城上,俯视城郭悄然,而月色如昼。法善因请上以玉笛奏曲。时玉笛在寝殿中,法善命人取之,旋顷而至。曲奏既竟,复以金钱投城中而还。旬馀,潞州奏:'八月望夜,有天乐临城。'兼获金钱以进。"

游广寒

开元传信记①:"八月望夜,明皇、太真、叶法静游广寒宫②。少瞑,已见龙楼雉堞,金阙玉扉,冷气逼人。后两川奏:'八月十五夜,有天乐过。'"

①开元传信记:锦绣万花谷后集卷四引此作"明皇杂录"。按,今本开元传信记、明皇杂录中,皆未见此条记事。

②叶法静:本卷记唐玄宗八月望夜同游月宫之道士,前"奏玉笛"条引集异记作"叶法善",本条引开元传信记作"叶法静",后"进龙丹"条引明皇杂录则作"叶静能",三者当以叶法善为是,馀二者并误。惟此误非自本书始,唐人已指明各书原本有异,故今不作校改统一。按,道士叶法善,旧唐书卷一九一有传。又因话录卷五:"有人撰集怪异记传云:'玄宗令道士叶静能书符,不见国史。'不知叶静能,中宗朝作妖妄伏法,玄宗时有道术者,乃法善也。谈话之误差尚可,若著于文字,其误甚矣。"

升清虚

异人录:"开元六年,上皇与申天师、道士洪都客,中秋夜同游月宫。过一大门,在玉光中见一大宫府,榜曰广寒清虚之府。守门兵卫甚严,止其不得进入。天师引上皇跃身起,烟雾中下视,玉城嵯峨,若万里琉璃之田。寻步向前,翠色冷光相射,见素娥十馀人,皓衣,乘白鸾,笑舞于广庭大桂树下,乐音清丽。上皇归,编律成音,制为羽衣之曲。"

进龙丹

明皇杂录:"八月十五夜,叶静能邀明皇游月宫。将行,请上衣裘而往。及至月中,寒凛特异,上不能禁。静能出火龙丹一粒以进,上服之乃至。"东坡中秋词云:"不知天上宫阙,今夕是何年?我欲乘风归去,又恐琼楼玉宇,高处不胜寒。"若夫明皇游月宫事,见于数书,如龙城录、高道传、郑愚津阳门诗注皆有之,其说大同小异。

登天柱

三水小牍:"九华山道士赵知微,乃皇甫玄真之师[①],自少有凌云之志。入兹山,结庐于凤凰岭前,讽诵道书,炼志幽寂,蕙兰为服,松柏为粮。越数十年,遂臻元妙[②]。元真伸弟子之礼,服勤执敬。又十五年,至咸通辛卯岁,知微以山中炼丹须得西土药,乃与元真来京师,寓于玉芝观之上清院。有皇甫枚者,日与相从,因询赵君事业,元真曰:'自居师道,门人不见其惰容。常云分杯结雾之术,化竹钓鲻之方,吾久得,固耻为耳。'去岁中秋,自朔霡霏,至于望夕,<u>元真</u>谓同门生曰:'堪惜良宵,而值苦雨。'语顷,<u>赵君</u>忽命侍童备果酒,召诸生谓曰:'能升<u>天柱峰</u>玩月否?'诸生虽唯应,而窃议以为浓云驶雨如斯,果行,将有垫巾角、折屐齿之事。少顷,<u>赵君</u>曳杖而出,诸生景从。既开扉,而长天廓清,皓月如昼。扪萝援筱,及峰之巅,举酒咏诗,鼓瑟清啸,以至寒蟾隐于远岑,方归舍。就榻,而凄风飞雨宛然,众乃服其奇致。"<u>陈简斋</u>《<u>中秋不见月</u>》诗云:"人间今乏<u>赵知微</u>,无复清游继<u>天柱</u>。"

　　①乃皇甫玄真之师:"玄"字缺笔,按本书避"玄"字讳(<u>宋圣宗赵玄朗</u>讳),故下文"元真伸弟子之礼"等,"玄"改作"元"。

　　②遂臻元妙:"元妙",《<u>太平广记</u>》卷八五"<u>赵知微</u>"条引《<u>三水小牍</u>》作"玄牝"。

架箸梯

　　《<u>宣室志</u>》:"<u>唐太和</u>中,有<u>周生</u>者,庐于<u>洞庭山</u>,时以道术济<u>吴</u>、<u>楚</u>,人多敬之。将抵<u>洛</u>、<u>谷</u>间,途次<u>广陵</u>佛舍。会有三四客偕来,时中秋夕,霁月澄莹,且吟且望,有说<u>明皇帝</u>游月宫事者,因相与叹曰:'吾辈尘人,固不得止其所矣。'<u>周生</u>笑曰:'某尝学于师,亦得焉。且能絷致之怀袂,子信乎?'咸恚其妄,或喜其奇。生曰:'吾不为则明妄矣。'因命虚一室,以箸数百,呼僮绳而架之,且告客曰:'我将梯此取月,闻呼可来观。'乃闭户久之,数客步于庭中伺焉。忽觉天地曛晦,仰视又无纤云。俄闻生呼曰:'某至矣。'因开其室,生曰:'月在某衣中矣,请客观焉。'以手举衣,出寸许,一室尽明,寒入肌骨。生曰:'子今信乎?'客再拜谢之,愿收其光。因又闭户,其外尚昏晦。食顷，月在天如初。"陈简斋中秋无月诗云："却疑周生怀月去，待到三更黑如故。"

入桃源

青琐高议："陈纯字元朴，莆田人。因游桃源，爱其山水秀绝，乃裹粮沿蹊而行。凡九日，至万仞绝壁下，夜闻石壁间人语。纯粮尽，困卧，闻有美香，流巨花十馀片，其去甚急。纯速取得一花，面盈尺，五萼，乃食之。渴甚，饮溪水数斗，下利三日，行步愈疾。有青衣采苹岸下，曰：'此桃源三夫人之地，上府玉源，中府灵源，下府桃源。后夜中秋，三仙将会于此。'其夕，水际台阁相望。有童曰：'玉源夫人召。'纯往见，三夫人坐绛殿中，众乐并作。玉源谓纯曰：'近世中秋月诗，可举一二句。'纯曰：'莫辞终夕看，动是隔年期。'桃源曰：'意虽佳，但不见中秋月，作七月十五夜月亦可。'玉源因作诗曰：'金风时拂袂，气象更分明。不是月华别，都缘秋气清。一轮方极满，群籁正无声。晓魄沉烟外，人间万事惊。'灵源诗曰：'高秋浑似水，万里正圆明。玉兔步虚碧，冰轮辗太清。广寒低有露，桂子落无声。吾馆无弦弹，栖乌莫要惊。'桃源诗曰：'金吹扫天幕，无云方莹然。九秋今夕半，万里一轮圆。皓彩盈虚碧，清光射玉川。瑶樽何惜醉，幽意正绵绵。'玉源谓纯曰：'子能继桃源之什乎？'纯乃赓曰：'仙源尝误到，羁思正萧然。秋静夜方静，月圆人更圆。清樽歌越调，仙棹泛晴川。幽意知多少，重重类楚绵。'玉源笑曰：'此书生好。莫与仙葩食，教异日作枯骨。如何敢乱生意思。'纯曰：'和韵偶然耳。'将晓，以舟送纯归。"

过武昌

夷坚丁志:"饶廷直字朝弼,建昌南城人。第进士,豪俊有气节。尝以事过武昌,忽有所遇,自是不迩妻妾,翛然端居,如林下道人。自作诗纪其事云:'丁巳中秋夜半,偶游黄鹤楼,忽遇异人,授以秘诀,所恨尚牵世故,未能从事于斯也,因作诗以识之。'其词曰:'黄鹤楼前秋月寒,楼前江阔烟漫漫。夜深人静万籁息,独对清影凭栏干','一声长啸肃天宇,知是飡霞御风侣。多生曾结香火缘,邂逅相逢竟相语','翛然洗尽朝市忙,直疑身在无何乡。回看往事一破甑,下视举世俱亡羊','嗟予局促犹轩冕,知是卢敖游未远。他年有约愿追随,共看蓬莱水清浅。'后三年,绍兴庚申,朝廷复河南,以为邓州通判。金人叛盟,邓城陷,缢而死。载其枢还乡,异者觉甚轻,然无敢发验者,或疑其尸解去。东坡作黄鹤楼诗,纪冯当世所言老卒遇异人事,王定国亦载之于书,疑此亦其流也。"

会嵩岳

纂异记:"三礼田璆者,洛阳人。与其友邓韶,博学相类。元和癸巳中秋之夕,出建春门望月,会韶亦携觞东来,方驻马道周。俄有二书生乘骢继至,揖璆、韶曰:'二君得非求赏月之地乎？敝庄水竹,名闻洛下。倘能迁辔,冀展倾盖之分耳。'璆、韶乃从而往。至一车门,始入甚荒凉,又数百步,有异香迎前,则豁然真境矣。飞泉交流,松柏夹道,奇花灿灿,好鸟关关。璆、韶请簇马飞觞,书生谓小童曰:'折烛夜一花,与二君子尝。'小童曰:'花至。'倾入酒中,味极甘香,不可比状。以馀樽赉诸从者,各大醉,止于户外。书生乃引璆、韶入户,鸾鹤腾舞,导迎而前。凡历池馆台榭,率皆陈设盘筵,若有所待。璆、韶诘之,对曰:'今夕中天群仙,会于兹岳,藉君知礼,请导升降尔。'言讫,见直北花烛亘天,箫韶沸空,驻云母双车于金堤之上。书生前进,有玉女问曰:'礼生来否?'于是引璆、韶进立堂下,左右命拜,夫人褰帷笑曰:'下域之人,而能知礼,各赐薰肌酒一杯①。'夫人问:'谁人召来?'曰:'卫符卿、李八百。'夫人曰:'便令此二童引璆、韶于群仙之后。'璆问:'相曰谁?'曰:'刘纲。''侍者谁?'曰:'茅盈。''中坐者谁?'曰:'西王母。'俄有一人驾鹤而来,王母曰:'久望刘君矣。'曰:'适莲花峰道士奏章事,须决遣。尚多未来之客,何言久望乎?'璆、韶问:'刘君谁?'曰:'汉朝天子。'续有一人驾黄龙而下,王母曰:'李君来何迟?'曰:'为救龙神设水旱之计耳。'书生谓璆、韶曰:'此开元、天宝太平之主也。'未顷,闻箫鼓自天而下,有执绛节者,前唱言:'穆天子来!'群仙皆起,二主降阶,王母避位,拜迎入幄,环坐而饮。王母曰:'何不拉取老轩辕来?'曰:'他今夕主张月宫之宴,非不勤请耳。'穆王把酒请王母歌,王母以珊瑚钩击盘歌曰:'劝君酒,为君悲且吟。自从频见市朝改,无复瑶池宴乐心。'王母持杯,穆王天子歌曰:'奉君酒,休叹市朝非。早知无复瑶池兴,悔驾骅骝草草归。'歌阕,与王母话瑶池旧事,乃重歌曰:'八马回乘汗漫风,犹思停驾憩昭宫。宴移玄圃情方洽,乐奏钧天曲未终。斜汉露凝残月冷,流霞杯泛曙光红。昆仑回首不知处,疑是酒酣春梦中。'王母酬穆天子歌曰:'一曲笙歌瑶水滨,曾留逸足驻征轮。人间甲子周千岁,灵境杯觞初一巡。玉兔银河终不夜,奇花好树镇长春。情知碧海饶词句,歌向俗流疑误人。'酒至汉武帝,王母又歌曰:'珠露金风下界秋,汉家陵树冷翛翛。当时不得仙桃力,寻作浮尘飘垄头。'汉主上王母酒,歌曰:'五十馀年四海清,自亲丹灶得长生。若言尽得仙桃力,看取神仙簿上名。'帝曰:'吾闻丁令威能歌。'命左右召令威至。帝又遣子晋吹笙以和。歌曰:'月照骊山露泣花,似悲仙帝早升遐。至今犹有长生鹿,时绕温泉望翠华。'帝持杯久之。王母曰:'召叶静能来一讴。'静能至,献帝酒,歌曰:'幽蓟烟尘别九重,贵妃汤殿罢歌钟。中宵扈从无全仗,大驾仓黄发六龙。妆匣尚留金翡翠,暖池犹浸玉芙蓉。荆榛一闭朝元路,唯有悲风吹晚松。'歌竟,有黄龙持杯立于双车前,再拜祝曰:'上清神女,玉京仙郎。乐此今夕,和鸣凤凰。凤凰和鸣,将翱将翔。与天齐体②,庆流无央。'祝毕,有四鹤载仙郎并相者、侍者。仙女请催妆诗,刘纲诗曰:'玉为质兮花为颜,雾为鬓兮云为鬟③。何劳傅粉兮施渥丹,早为娉婷兮缥缈间。'茅盈诗曰:'水晶帐开银烛明,风摇珠珮连云清。体匀红粉饰花态④,早驾双龙朝玉京。'诗既入内,即有子女数十⑤,引仙郎入帐,召璆、韶行礼。礼毕,二童引璆、韶辞,夫人曰:'非无至宝可以相赠,但尔力不任挈耳。各赐延寿酒一杯,可增人间半甲子。'命二童引归,还家已岁馀。由是璆、韶弃家入少室山,不知所往。"

①各赐薰肌酒一杯:"薰肌酒",太平广记卷五〇"嵩岳嫁女"条引纂异记作"薰髓酒"。

②与天齐体:"体",同上书作"休"。

③雾为鬓兮云为鬟:"雾",同上书作"蝉"。

④体匀红粉饰花态:"体",同上书作"休"。

⑤即有子女数十："子女"，同上书作"玉女"，此误。

□□□

（原注：以上缺。）擢名科，居华近者，代不乏人。若夫忠烈冠于一时，著作传于后世，又其盛焉。溯流寻源，去家百里，地曰沙溪，实翁鼻祖一公之佳城。背拥仙亭峰，面揖仙桥岫，又导派于白塔仙洞之龙脉，山川钟秀，壤□毓灵，数世而产仙翁。迄今山之下，溪之西，华宗文族，皆当时庐墓之系云。若夫传翁之大道，授翁之玄旨者，希夷先生也。

岁时广记

卷 三十三

中 秋

宴同亭

诸山记:"武夷山者,按茅君内传,即升真元化洞天也。山有神人,号武夷君。一日,语乡人曰:'汝等皆吾之曾孙也,期以八月十五日,会于山顶。'至日,乡人毕集,见彩幔、屋宇、器用,陈设甚盛。空中有声云:'令男女分坐食酒肴。'须臾乐作,又呼鼓师张安陵挝引鼓,如今杖鼓之状。赵元胡拍副鼓,刘小金坎答,鲁少重摆鼗鼓,乔如满振嘈鼓,高子春持短鼓,管师鲍公吹横笛,板师何凤儿拊节板,弦师董娇娘弹坎侯,即箜篌也。谢英妃抚长离,即大筝也。吕阿香戛胃腹,即琵琶也。管师黄次姑噪悲慓,即觱栗也。韩季吹洞箫,朱小娥韵居巢,即大笙也。金师罗妙容挥镣铫,即铜钹也。郝幼仙击铉鍱,即平底厮罗也。但见乐器,不见其人。酒行命食,或云菡,音软,即水苔也。或云缃蕤,即荇也。或云石蛔臘,即小蟹也。或云沙江鲊,即虾也。或云何祗脯,即干鱼也。味皆甘美,唯酒味差薄。诸仙既去,众皆欣

| 岁时广记

喜曰：'我等凡贱，幸与神君同会幔亭。'因即其地为同亭祠。方伯休题武夷仙游馆诗云：'仙人昔乘紫云去，白马摇鞭定何处。茫茫尘世那得知，幔亭空记当年事。君不见茂陵松柏已萧疏，干鱼犹祭同亭祠。'"

建幔亭

武夷新记："昔太极玉皇上帝与太姆、音母。魏真人、武夷君，建幔亭彩屋数百间，竖八彩幢，皆有银龙金凤之饰，又拖红云茵、紫霞褥为坐。于八月十五日化出仙桥，自地至峰顶，召乡人男女千馀人宴饮，奏宾云左右仙之曲于其上。迄今峰下谓之会仙里焉。"詹克爱中秋游武夷诗云："太姥峰前月色明，魏王岩下水光平。举杯不记风生籁，疑是宾云旧曲声。"

步虹桥

武夷古记："秦始皇二年八月十五日，武夷君致肴醴，会乡人于幔亭峰上。男女千馀人。斋戒如期而往，乃见山径平坦，道路新理，虹桥跨空，不觉即至山顶。有幔亭彩屋，玲珑掩映，前后左右，凡数百间，可坐千馀人。"朱晦庵文公九曲棹歌云："一曲溪头上钓船，幔亭峰影蘸晴川。虹桥一断无消息，万壑千岩锁翠烟。"

奏鼓乐

搢绅脞说："武夷山，尝中秋日，吕真人、钟离先生、武夷君等，皆会于山顶。空中呼曰：'若男若女皆坐。'仙乐竞奏。须臾，命行酒令，歌师唱人间好曲。词曰：'天上人间兮，会合疏稀。日落西山兮，夕乌归飞。百年一饷兮，志与愿违。天宫咫尺兮，恨不相随。'"

升仙天

列仙传："武夷山，魏王子骞冲妙真人同张湛真人、孙绰真人、赵元奇真人、刘景真人、彭令昭真人、顾思远真人、白石先生、马鸣生真人、女仙胡氏真人、渔氏二真人①、李氏真人等一十三人，以八月十五日同上升。"又云："刘湛真人以八月十五日、四十二口拔宅上升。"

①渔氏二真人："渔氏"，勿轩集卷三、福建通志卷六〇并作"鱼氏"，此误。按，勿轩集（宋熊禾撰）卷三升真观记："武夷山，闽之镇也。天下第十六名山，是曰升真玄化洞天。按旧记，厥初有神星降，曰圣姥，母子二人，始居此山。又有神称武夷君者"，"又世传魏王子骞城潼川时，有张湛、刘景等，及胡、李、鱼氏四女子，凡十二人，实受地为氓，后皆避地而仙。而武夷君幔亭之宴，亦在始皇之二年。"又福建通志卷六〇方外建宁府："魏王子骞以求仙，访道武夷。继而张湛等十二人，亦以修炼来山，推子骞为地主，相与栖隐于此。十二人者，张湛、孙绰、赵元奇、刘景、顾思远、白石先生、马鸣生、胡氏、李氏、二鱼氏也。"

立道观

列仙传："许真君名逊，字敬之，汝南人也。世慕至道，真君弱

冠,师大洞君吴猛三清法要。乡举孝廉,拜蜀旌阳令。寻以晋室梦
乱,弃官入道。至西晋武帝太康二年八月十五日,于洪州西山,举
家四十二口拔宅上升。惟有石函、药臼各一所,车毂一具,与真君
所御锦帐,复自云中堕落于故宅,乡人即其地立游帷观焉。"

服灵药

集仙录:"旴母者,豫章人也。外混世俗,内修真要。其子名
烈,字道微,少丧父,事母以孝闻。西晋孝武时①,同郡许逊精修感
通,道化宣行,居洪崖山,筑坛立靖②。烈淳笃忠厚,逊尝委用之。
即与母结庐于逊宅之东北,旦夕侍奉,谨愿恭肃,未尝少怠。母常
于山侧采撷花果,以奉逊。逊惜其诚意,常欲拯之。元康二年八月
十五日,太上册命征拜逊为九州都仙大使高明主者,白日举家升
天。逊谓烈及母曰:'我承天帝之命,不得久留,汝可继随,仙举期
于异日。'烈子母悲不胜,再拜告请:'愿侍云辇。'逊许之,即赐灵药
服之,躬禀真诀,于是日午时同逊上升。今坛井尚存,世号为旴母
井焉。"

①西晋孝武时:"孝武",太平广记卷六二"旴母"条引集仙录作
"武帝",此误。按,孝武帝司马曜属东晋,而下文称晋惠帝元康二
年(292),则明为西晋时事。

②筑坛立靖:"靖",同上书作"静"。

乘彩云

逸史:"黄尊师修道于茅山,弟子瞿道生①,年少,不甚精谨,屡

为师所笞。草堂东有一小洞，高七八尺，荒蔓蒙蔽。一日，瞿生怠事，复为师所笞，逡巡避杖，遂入此洞。师惊异，遣去草搜索，一无所见。食顷方出，持一棋子，曰：'适睹秦时人，留餐，以此见遗。'师怪之，尚意为狐魅所惑，亦不甚信。明年，八月十五夜，天气清肃，中宵云雾大起，集于窗牖间，仙乐满庭。复闻有步虚之声，弟子皆以为上仙之期至矣②，遽备香火，黄师沐浴冠裳以竢。将晓，氛烟渐散。俄见瞿生乘五色彩云出，立于庭中，灵乐鸾鹤，弥漫空际，与师徒诀别，升空而去。"

①弟子瞿道生："瞿道生"，太平广记卷四五"瞿道士"条引逸史作"瞿道士"。

②弟子皆以为上仙之期至矣：同上书"上仙"前有"黄公"二字。

游峨嵋

甘泽谣："圆观者，洛阳惠林寺僧。东坡诗及他本作"圆泽"。梵学之外，音律贯通，莫知其所自也。李谏议源，公卿之子，当天宝之际，父憕居守，陷于贼中，乃脱粟布衣，止于惠林寺，悉将家业为寺公财，寺人供遗饮食。不置仆使，惟与圆观为忘年友，促膝静话，自旦及昏。如此三十年。一旦，约游蜀川峨嵋，访道求药。圆观欲游长安，出斜谷，源欲上荆州、三峡，争此两途未决。半年，源曰：'吾已绝世事，岂取途两京。'遂自荆江上峡。维舟南浦，见数妇锦裆，负瓮而汲。圆观望而泣下曰：'吾不欲至此，恐见其妇人也。'源惊问之，圆观曰：'其中孕妇姓王者，是某托身之所，逾三载，尚未娩怀，以某未来之故。今既见，即命有所归矣。愿公假以符咒，遣其速生，少驻行舟，葬某山下。后十二年中秋月夜，杭州天竺寺外，与公相见。'是夕，圆观亡而孕妇产矣。源后诣杭州，寻约佛寺。时山雨初晴，月色满川，忽闻葛洪川畔，有牧竖歌竹枝词者，乘牛扣角，双髻短衣，俄至寺前，乃圆观也。李公就谒曰：'观公健否?'答曰：'李公真信士也。俗缘未尽，慎勿相近。'李公以无由叙话，望之潸然，圆观乃唱竹枝词而去。歌曰：'三生石上旧精魂，赏月吟风不要论。惭愧情人远相访，此身虽异性长存。'又歌曰：'身前身后事茫茫，欲话因缘恐断肠。吴越溪山寻已遍，却回烟棹上瞿塘。'后三年，李公拜谏议大夫亡①。"东坡挽文长老诗云："向欲钱塘访圆泽，葛洪川畔待秋深。"

①李公拜谏议大夫亡："亡"，太平广记卷三八七"圆观"条引甘泽谣作"二年亡"。

入仙坛

传奇："太和末岁，有书生文箫者，海内无家，因萍梗抵钟陵郡。生性柔而洽道，貌清而出尘。与紫极宫道士柳栖乾善，遂止其宫，三四年矣。钟陵有西山，山有游帷观，即许仙君逊上升地也。每岁至中秋上升日，吴、越、楚、蜀人，不远千里，而携挈名香珍果，绘绣金钱，设斋醮，求福祐。时钟陵人万数，车马喧阗，士女栉比，数十里若阛阓。其间有豪杰，多以金召名姝善讴者，夜与丈夫间立，握臂连踏而唱。其调清，其词艳，惟对答敏捷者胜。时文箫亦往观焉，睹一姝，幽兰自芳，美玉不艳，云孤碧落，月淡寒空。聆其词理，脱尘出俗，意谐物外。其词曰：'若能相伴陟仙坛，应得文箫驾彩鸾。自有彩襦并甲帐，琼台不怕雪霜寒。'生久味之，曰：'吾姓名其兆乎？此必神仙之俦侣也。'竟植足不去，姝亦盼生。久之歌罢，秉烛穿大松径将尽，陟山扪石，冒险而去。生亦潜蹑其踪。烛将尽，有仙童数辈，持松炬而导之。生因失声，姝乃觉，回首而诘：'莫非文箫邪？'生曰：'然。'姝曰：'吾与子数未合，而情之忘，乃得如是也。'遂相引至绝顶坦然之地，侍卫甚严，有几案帷幄，金炉国香。与生坐定，有二仙娥各持簿书，请姝详断，其间多江湖沉溺之事。仙娥持书既去，忽天地黯晦，风雷震怒，摆裂帐帷，倾覆香几。生恐惧不敢傍视，姝仓皇披衣秉简，叩齿肃容，伏地待罪。俄而风雨贴息，星宿陈布，有仙童自天而降，持天判宣曰：'吴彩鸾以私欲而泄天机，谪为民妻一纪。'姝遂号泣，与生携手下山而归钟陵。生方知姝姓名，因诘曰：'夫人之先，可得闻乎？'姝曰：'我父吴仙君猛，豫章人也。晋书有传。常持孝行，济人利物，立正祛邪，今为仙君，名标洞府。吾亦为仙，主阴籍，仅六百年矣。睹色界而兴心，俄遭其谪。然子亦因吾可出世矣。'生素穷寒，不能自赡。姝曰：'君但具纸，吾写孙愐唐韵。'日一部，运笔如飞。每鬻获五缗，缗将尽又为之。如此仅十载，至会昌二年，稍为人知，遂与文生潜奔新吴县越王山侧，百姓郡举村中，夫妻共训童子数十人。主人相知甚厚，欲稔姝，因题笔作诗曰：'一斑与两斑，引入越王山。世数今逃尽，烟萝得再还①。箫声宜露滴，鹤翅向云间。一粒仙人药，服之能驻颜。'是夜风雷骤至，闻二虎咆哮于院外。及明，失二人所在。凌晨，有樵者在越山见二人各跨一虎，行步如飞，陟峰峦而去。郡生闻之惊骇，于案上见玉合子，开之，有神丹一粒，敬而吞之，却皓首而返童颜。后竟不复见二人。今钟陵人多有吴氏所写唐韵在焉。"

①烟萝得再还："萝"，类说卷三二引传奇作"梦"。

舍商山

宣室志："开成中，梁璟自长沙将举孝廉，途次商山，舍于馆亭。时八月十五夕，风清月朗，璟偃而不寐。至夜半，忽见三丈夫，衣冠甚古，徐步而来，且吟且赏，从者数人。璟心知其鬼也，素有胆气，降阶揖之。三人自称萧中郎、王步兵、诸葛长史，与璟坐庭中，曰：'不意良夜遇君于此。'呼其僮曰玉山取酒，环席递酌。已而步兵曰：'值此风月，况有嘉宾，可不联句，以咏秋物。'步兵即曰：'秋月圆如镜。'中郎曰：'秋风利于刀。'璟曰：'秋云轻比絮。'长史嘿然久之，二人促曰：'幸以拙速为事。'长史沉吟食顷，乃曰：'秋草细同毛。'二人大笑曰：'拙则拙矣，何乃迟乎！'长史曰：'此中郎过耳，为僻韵而滞捷才。'中至长史①，戏曰：'蕙娘赴中郎召耳。'美人曰：'安知不为众人来。'起曰：'愿歌凤栖之曲，以侑樽俎。'曲终，中郎曰：'山光渐明，愿更联一绝，以尽欢也。'即曰：'山树高高影。'步兵曰：'山花寂寂香。'因指长史曰：'向者僻韵，中郎之过。今愿续此，以观捷才。'长史曰：'山天遥历历。'一坐大笑曰：'迟不能巧，速而且拙，捷才如是耶？'璟曰：'水山急汤汤。'中郎问璟曰：'君非举进士者乎？'璟曰：'将举孝廉科。'中郎笑曰：'孝廉安知为诗哉！'璟怒叱之，长史敛袂②，客皆惊散，遂失所在，而杯盘亦无见矣。"

①中至长史：此下数句与上下文意不接，或本自节录过甚，或传刻有脱略所致，按，今本宣室志卷六、太平广记卷三四九皆有"梁璟"条，足补其阙。兹录广记所引宣室志相关字句如下："既而中郎

又曰：'良会不可无酒佐。'命玉山召蕙娘来，玉山去。顷之，有一美人，鲜衣，自门步来，笑而拜坐客。诸葛长史戏谓女郎曰：'自赴中郎召耳，与吾何事。'美人曰：'安知不为众人来。'步兵曰：'欲自明，无如歌以送长史酒。'蕙娘起曰：'愿歌凤栖之曲。'"

②长史敛衽：同上二书句后有"而起"二字。

见怪物

乾𦠟子："叶县人梁仲朋，家在汝州西郭街南，渠西有小庄，常朝往夕归。大历初，八月十五日，天地无氛埃。去州十五六里，有豪族大墓，皆植白杨。是时，秋景落木，仲朋跨马在此①。二更，闻林间械械之声，忽有一物，自林飞出，仲朋初谓是惊栖鸟。俄入仲朋怀，鞍桥上坐。月照若五斗栲栳大，毛墨色，头似人，眼跌如珠②，唤仲朋为弟，谓仲朋曰：'弟莫惧。'颇有膻羯之气，言语一如人。直至汝州郭门外，见人家未寐，有火光，其怪歘飞东南去，不知所在。仲朋至家，不敢向家中说。忽一夜，更深月上，又好天色，仲朋召弟妹，于庭命酌，因语前夕之事。其怪忽在屋脊上飞来，谓仲朋曰：'弟说老兄何事邪？'于是大小走散，独留仲朋。云：'为兄作主人。'索酒不已。仲朋视之，颈下有瘿子，如生瓜大，飞翅是双耳，鼻为毛，大如鹅③，饮斗酒，醉于杯筵上，如睡着。仲朋潜起，砺阔刀，当其项而刺之，血流迸泗④，便起云：'大奇！大奇！弟莫悔。'却映屋脊不复见，血满庭中。三年内，仲朋一家三十口荡尽。"

①仲朋跨马在此："在"，太平广记卷三六二"梁仲朋"条引乾𦠟子作"及"。

②眼趺如珠："趺",于义无解,显属字误,同上书作"眹",释作望,亦未能确解,按广韵辖韵："眹,目露貌。"且"眹"、"趺"音同形近。

③鼻为毛大如鹅:太平广记卷三六二"梁仲朋"条引乾臊子作"鼻乌毛斗輎,大如鹅卵"。

④血流迸泗："泗",同上书作"洒",此误。

指药铛

冷斋夜话："周贯,不知何许人,自号木雁子。至袁州,见市井李生秀韵,欲携同归林下。李嗜酒色,意欲不去,指煮药铛作偈示之曰[①]:'顽钝天教合作铛,纵生三脚岂能行。虽然有耳不听法,只爱人间恋火坑。'寻死于西山,后有人见于京师,附书与李生云:'明年中秋夕上谒[①]。'至时,李生以事出。贯以白土书门而去,曰:'今年中秋夕,来赴中秋约。不见折足铛,弹指空剥剥。'李生竟折一足。"

①指煮药铛作偈示之曰:诗话总龟卷四七神仙门"周贯"条引冷斋夜话句前有"贯"字。

②明年中秋夕上谒:同上书"上谒"前有"当"字。

担褐奶

燕北杂记："八月八日,戎主杀白犬,于寝帐前七步埋其头,露其嘴。后七日,移寝帐于埋狗头地上。番呼此节为'担褐奶',汉人译云'担褐'是狗,'奶'是头。"

岁时广记

卷 三十四

重 九

续齐谐记曰:"汝南桓景,随费长房游学累年。长房因谓景曰:'九月九日,汝家当有灾厄,宜急去。令家人各作绛囊,盛茱萸以系臂,登高,饮菊酒,祸乃可消。'景如其言,举家登山。夕还,见鸡犬牛羊一时暴死。长房闻之曰:'此可代之矣。'今世人九日登高饮酒,妇人带茱萸囊,因此也。"东坡九日黄楼会诗云:"菊鲞茱囊自古传,长房宁复是臞仙。"魏文帝与钟繇书云:"岁往月来,忽复九月九日。九为阳数,日月并应。俗嘉其名,以为宜于长久,故以享燕高会。"杜公瞻云:"九月九日宴会,未知始于何代,自汉世以来未改。今北人亦重此节,近代多宴设于台榭。"

展旬日

容斋续笔:"唐文宗开成二年,归融为京兆尹。时两公主出降,府司供帐事繁,又俯近上巳曲江宴,奏请改日。上曰:'去年重阳取九月十九日,未失重阳之意,今改取十三日可也.'且上巳、重阳皆有定日,而至展一旬,乃知郑谷所赋十日菊诗曰:'自缘今日人情别,未必秋香一夜衰.'亦未为尽也。惟东坡公有'菊花开时即重阳'之语,故记其在海南艺菊九畹,以十一月望,与客泛舟作重九云①。"

①与客泛舟作重九:"泛舟",容斋随笔续笔卷一"重阳上巳改日"条作"泛酒"。

用十月

提要录:"东坡云:'岭南气候不齐①,菊花开时即重阳,凉天佳月即中秋,不须以日月为断也','十月初吉②,菊始开,乃与客作重九,因次韵渊明九月九日.'诗云:'今日我重九,谁谓秋冬交。黄花与我期,草中实后凋。香馀白露干,色映青松高.'"苕溪渔隐曰:"江、浙间每岁重阳,往往菊亦未开,不独岭南为然,盖菊性耿介,须待草木黄落,方于霜中独秀。故渊明诗云:'芳菊开林耀,青松冠岩列。怀此贞秀姿,卓为霜下杰.'此善论其理也。"

①岭南气候不齐:"齐",苏轼诗集卷三九江月五首引作"常"。

②十月初吉:此下四句见苏轼诗集卷三九和陶己酉岁九月九日诗引,与上文非同篇。

赐茱萸

汉官制,九日,赐百僚茱萸。唐制,九日,赐宴及茱萸。沈佺期九日应制诗云："魏文颂菊蕊,汉武赐茱房。"杜子美诗:"茱萸赐朝士,难得一枝来。"

佩茱萸

西京杂记:"九月九日,佩茱萸,令人长寿。"又艺苑雌黄云:"九月九日,作绛囊,佩茱萸,或谓其事始于桓景。"又北里志云:"九月九日,为丝茱萸囊戴之。"郭子正九日词云:"清晓开庭,茱萸初佩。"仲殊词云:"戏马风流,佩茱萸时节。"

插茱萸

风土记曰:"俗尚九月九日,谓之上九。茱萸到此日成熟,气烈色赤,争折其房以插头,云辟除恶气,而御初寒。"子由九日诗云:"茱萸漫辟恶。"李白诗云:"九日茱萸熟,插鬓伤早白。"又山谷诗词云:"他年同插茱萸。"王右丞诗云:"遍插茱萸少一人。"朱放诗云:"学它年少插茱萸。"朱文公词云:"况有紫茱黄菊,堪插满头归。"又古词云:"手撚茱萸簪髻,一枝聊记重阳。"

采茱萸

图经本草:"吴茱萸,生上谷川谷及冤句,今处处有之,江、浙、蜀、汉尤多。木高丈馀,皮色青绿。似椿而阔厚①,紫色。三月开花,红紫色。七月、八月结实,似椒子,嫩时微黄,至成熟则深紫。

九月采②,阴干。"相传其根南行,东行者,道家去三尸九虫用之。本草云:"食茱萸,与吴茱萸同。"

①似椿而阔厚:证类本草卷一三"吴茱萸"条引图经本草句前有"叶"字。

②九月采:同上书"采"字前有"九日"二字。

看茱萸

杜草堂事实:"公尝九日寓蓝田崔氏庄,与故人同饮,醉玩茱萸,不能释手。有诗曰:'明年此会知谁健,醉把茱萸仔细看。'"又古词云:"插黄花,对樽前,且看茱萸好。"东坡词云:"茱萸仔细更重看。"又诗云:"人间此会论今古,细看茱萸感叹长。"詹克爱词云:"后会不知谁健,茱萸莫厌重看。"

嗅茱萸

本草:"吴茱萸,一名椒。所八切。"陶注云:"即今茱萸也。味辛,气好上冲鬲,不可服食。"故提要录云:"九月九日,摘茱萸闻嗅,通关,辟恶。"东坡九日词云:"此会应须烂醉,仍把紫菊茱萸,细看重嗅。"又山谷词云:"直须把茱萸遍插,看满坐细嗅清香。"

赐菊花

魏文帝与钟繇书:"九月九日,群草庶木,无地而生①,菊花纷然独秀。辅体延年,莫斯之贵,谨奉一束,以助彭祖之术。"杜甫云安九日诗云:"寒葩开已尽,菊蕊独盈枝。"又云:"是节东篱菊,纷披为谁秀。"

①无地而生:"无地",艺文类聚卷四作"无有射",初学记卷四、太平御览卷三二引魏文帝与钟繇书作"有射"。按,此处前后数句。类聚卷四引魏文帝与钟繇书作"是月律中无射,言群木庶草,无有射而生,至于芳菊,纷然独荣",御览引作"是月律中无射,言群木庶草,有射地而生,〔至〕于芳菊,纷于独秀"。

摘菊花

续晋阳秋:"陶潜性嗜酒,家贫,不能常得。九月九日,无酒,于宅篱畔菊丛中,摘花盈把而坐,怅望久之。见白衣人至,乃江州太守王宏送酒,即便就酌,醉而后归。"李白九日登高诗云:"因招白衣人,笑酌黄花酒。"东坡诗云:"喜逢门外白衣人。"又云:"白衣送酒舞渊明,漫绕东篱嗅落英。"山谷诗云:"常应黄菊畔,怅望白衣来。"杜子美诗云:"每恨陶彭泽,无钱对菊花。而今九日至,自觉酒须赊。"方伯休诗云:"肯向渊明拼一醉,何妨乘兴过篱东。"陈简斋诗云:"陶潜无酒对黄花。"

簪菊花

唐辇下岁时记:"九日,宫掖间争插菊花,民俗尤甚。"杜牧诗云:"尘世难逢开口笑,菊花须插满头归。"又云:"九日黄花插满头。"晏叔源词云:"兰佩紫,菊簪黄。"司马文正公九日赠梅圣俞瑟姬歌云:"不肯那钱买珠翠,任教堆插阶前菊。"东坡诗云:"髻重不嫌黄菊满。"

赏菊花

皇朝东京梦华录:"重九,都下赏菊。菊有数种,有黄白色,蕊若莲房,曰万龄菊;粉红色,曰桃花菊;白而檀心,曰木香菊;黄色而圆,曰金铃菊;纯白而大,曰喜容菊。无处无之,酒家皆以菊花缚成洞户。"

尚菊花

风土记:"日精、治蘠,皆菊之花茎别名也。生依水边,其花煌煌。霜降之节,唯此草盛茂。九月律中无射,俗尚九日,而用候时之草也。"尔雅云:"菊,治蘠也。"又牧竖闲谈云:"蜀人多种菊,以苗可入菜,花可入药,园圃悉植之。郊野人多采野菊供药肆,颇有误。真菊延年,野菊泻人。如张华言'黄精益寿,钩吻杀人',皆此类也。"

服菊花

太清诸草木方:"九月九日,采菊花与茯苓、松脂,久服,令人不老。"又外台秘要云:"九月九日,采菊花饮,服方寸匕,令人饮酒不醉。"古词云："兰可佩,菊堪餐,人情难免是悲欢。"骚经云："夕餐秋菊之落英。"

致菊水

豫章记："郡北龙沙,九月九日所游宴处,其俗皆然也。按抱朴子云:'南阳郦县有甘菊水①,民居其侧者,悉食其水,寿并四百五十岁②。汉王畅、刘宽、袁隗临此郡,郦县月致三十斛水,以为饮食。诸公多患风痹,及眩冒,皆得愈。'"文保雍菊谱中,有小甘菊诗云:"茎细花黄□又纤③,清芬浓烈味还甘。祛风偏重山泉渍,自古南阳有菊潭。"

①南阳郦县有甘菊水:"甘菊水",抱朴子作"甘谷水"。按,抱朴子内篇仙药:"南阳郦县山中有甘谷水,谷水所以甘者,谷上左右皆生甘菊,菊花堕其中,历世弥久,故水味为变。"

②寿并四百五十岁:按同上书作"食者无不老寿,高者百四五十岁,下者不失八九十"。

③茎细花黄□又纤:百菊集谱(宋史铸撰)卷三引文保雍菊谱中小甘菊诗"又纤"前有"叶"字。

作菊枕

千金方："常以九月九日,取菊花作枕袋、枕头,大能去头风,明眼目。"陈钦甫九日诗云："菊枕堪明眼,茱囊可辟邪。"

菊花酒

西京杂记："夫人侍儿贾佩兰[①]，后出为扶风人段儒妻，言在内时，九月九日，佩茱萸，食蓬饵，饮菊酒，令长寿。菊花盛开时，采茎叶，杂麦米酿酒，密封置室中，至来年九月九日方熟。且治头风，谓之菊酒。"圣惠方云："治头风，用九月九日菊花暴干，取家糯米一斗蒸熟，用五两菊花末，常酝法[②]，多用细面曲炒熟，即压之去滓，每暖一小盏服之。"郭元振秋歌云："辟恶茱萸囊，延年菊花酒。与子结绸缪，丹心此何有。"杜子美九日登城诗云："伊昔黄花酒，如今白发翁。"屏山先生九日登此北山云："已向晚风拌落帽[③]，可无新菊共浮杯。"万俟雅言词云："昔年曾共黄花酒，一笑新香。"又古词云："明年此□□知谁健，且尽黄花酒。"

①夫人侍儿贾佩兰："夫人"，西京杂记卷三"戚夫人侍儿言官中事"条作"戚夫人"。

②常酝法：证类本草卷六"菊花"条引圣惠方句前有"搜拌"二字。

③已向晚风拌落帽："拌"，屏山集（宋刘子翚撰）卷一六九日登北山诗作"催"。

茱萸酒

提要录："北人九月九日，以茱萸研酒，洒门户间辟恶，亦有入盐少许而饮之者。又云男摘二九粒，女一九粒，以酒咽者，大能辟恶。"王晋卿九日词云："带了黄花，强饮茱萸酒。"又山谷词云："茱糁菊英浮醑,报答风光有处。"<u>权德舆</u>诗云:"酒泛茱萸晚易曛。"

桑落酒

<u>齐民要术</u>:"桑落酒法:用九月九日作,水、曲、米皆以九斗为准。"<u>续古今注</u>云:"索郎酒者,桑落时美,故以为言。"按此即是反语尔。<u>寰海志</u>曰:"桑落河出马乳酒,羌人兼葡萄压之,<u>晋宣帝</u>时来献,九日赐百寮饮焉。"一云桑落酒出蒲中。<u>庾信</u>就蒲州刺史乞酒诗曰:"蒲城桑落酒,灞岸菊花秋。愿持河朔饮,分献东陵侯。"又<u>信</u>诗曰:"忽闻桑叶落,正值菊花开。"<u>杜甫</u>九日诗云:"坐开桑落酒,来把菊花枝。"

御赐酒

<u>皇朝岁时记</u>:"重九日,赐臣下糕酒,大率如社日,但插以菊花。"

饵餤糕

<u>玉烛宝典</u>:"九日食饵者,其时黍稷并收,以黏米加味,触类尝新,遂成积习。"<u>周官笾人职</u>曰:"羞笾之实","糗饵粉粢。"注云:"糗饵者,秥米屑蒸之,加以枣豆之味,即今饵餤也。方言谓之糕,或谓之粢。"

蜜糖糗

壶中赘录:"楚辞云:'粔籹蜜饵。'即糖糗也。"干宝注周官云:"笾人所掌'糗饵粉餈'。以豆末和屑米而蒸,今糖糗是也。"

麻葛糕

唐六典膳部有"节日食料。"注云:"九月九日,以麻葛为糕。"文昌杂录云:"唐岁时节物,九月九日则有茱萸酒、菊花糕。"

枣栗糕

皇朝岁时杂记:"二社、重阳尚食糕,而重阳为盛。大率以枣为之,或加以栗,亦有用肉者。有面糕、黄米糕,或为花糕。"

百事糕

岁时杂记:"重九日,天欲明时,以片糕搭小儿头上,乳保祝祷云:'百事皆高。'"

万象糕

皇朝岁时杂记:"国家大礼,常以九月宗祀明堂,故公厨重九作糕,多以小泥象糁列糕上,名曰万象糕。"

狮蛮糕

东京梦华录："都人重九前一二日,各以粉面蒸糕,更相遗送。上插剪彩小旗,掺钉果实,如石榴子、栗黄、银杏、松子、肉之类。又以粉作狮子、蛮王之状,置糕于上[1],谓之狮蛮糕。"

[1]置糕于上:按东京梦华录卷八作"置于糕上"。

食鹿糕

岁时杂记："民间九日作糕,每糕上置小鹿子数枚,号曰食禄糕。"

请客糕

嘉话录："袁师德,给事中高之子。九日,出糕谓坐客曰:'某不忍喫,请诸君食。'"

迎凉脯

金门岁节记："洛阳人家,重阳作迎凉脯、羊肝饼,及佩蘡水符。"

彩缯花

岁时杂记："都城人家妇女,剪彩缯为茱萸、菊、木芙蓉花,以相送遗。"

用糕事

苕溪渔隐丛话:"寒食诗,古人多用'饧'事。九日诗,未有用'糕'事者,惟崔德符和居人九日诗云^①:'老头未易看清凉^②,折取萧萧满把黄。归去乞钱烦里社,买糕沽酒作重阳。'"

①惟崔德符和居人九日诗:"居人",苕溪渔隐丛话后集卷六作"吕居仁",此误。

②老头未易看清凉:"看清凉",同上书作"着清香"。

使茱字

容斋随笔:"刘梦得云:'诗中用"茱萸"字者凡三人,杜甫云:"醉把茱萸子细看。"王维云:"遍插茱萸少一人。"朱放云:"学他年少插茱萸。"三君所用,杜公为优。'余观唐人七言,用此者又十馀家,漫录于后。王昌龄'茱萸插鬓花宜寿',戴叔伦'插鬓茱萸来未尽',卢纶'茱萸一朵盈华簪',权德舆'酒泛茱萸晚易曛',白居易'舞鬟摆落茱萸房'、'茱萸色浅未经霜',杨衡'强插茱萸随众人',张谔'茱萸凡作几年新',耿湋'发稀那敢插茱萸',刘商'邮筒不解□茱萸^①',崔鲁^②'茱萸冷吹溪口香',周贺'茱萸一尊前^③',比之杜句,俱不侔矣。"

①邮筒不解□茱萸:容斋随笔卷四"诗中用茱萸字"条"茱萸"

前有"献"字。

②崔鲁:同上书作"崔橹"。按,全唐诗卷五六七作"崔橹",并注:"一作鲁。"

③茱萸一尊前:容斋随笔作"茱萸城里一尊前",全唐诗卷五〇三周贺重阳诗作"茱萸风里一尊前"。

岁时广记

卷三十五

游龙山

晋陶潜孟府君传:"嘉为征西大将军谯国桓温参军,君色和而正,温甚重之。九月九日,温游龙山,佐吏毕集,皆一时豪迈。有风吹君帽堕落,温谓左右勿言,以观其举止。君不自觉,良久如厕。温授孙盛纸笔令嘲之,文成,以着君坐。君归,见嘲笑而请笔作答,了不容思。"按寰宇记:"龙山,在荆州西门外,今有落帽台存焉。"李白诗云:"九日龙山饮,黄花笑逐臣。醉看风落帽,舞爱月留人。"韩文公诗云:"霜风破佳菊,嘉节迫帽吹。"李汉老词云①:"凉风吹帽,横槊试登高。想见征西旧事,龙山会、宾主俱豪。"诗云:"古来重九皆如此,无复龙山剧孟嘉。"杜子美诗云:"羞将短发还吹帽,笑倩傍人为正冠。"东坡亦有词云:"酒力渐消风力紧,飐飐,破帽多情恰恋头。"

①李汉老词云:"李汉老",即<u>李邴</u>,字<u>汉老</u>,全宋词第二册第九五〇页录<u>李邴</u>满庭芳残句,并案:"<u>吴则礼</u>北湖集卷三有全篇,乃九日词,未知孰是。"

游牛山

<u>列子</u>:"<u>齐景公</u>游于<u>牛山</u>,北临其国城而流涕曰:'美哉国乎!郁郁芊芊,若何去此国而死乎? 使古无死者,寡人将去斯而何之?'<u>史孔</u>、<u>梁邱据</u>从之泣。<u>晏子</u>独笑于傍曰:'吾君方将破蓑笠而立乎畎亩之中,惟事之恤,何暇念死乎?'景公惭焉。"<u>杜公九日</u>诗云:"江涵秋影雁南飞,与客携壶上翠微。尘世相逢开口笑,菊花须插满头归。但将酩酊酬佳节,不用登临怨落晖。古往今来只如此,<u>牛山</u>何必泪沾衣。"<u>牛山</u>虽非重九事,以<u>杜</u>诗引用,故录<u>山谷九日</u>词云:"几回笑口能开,少年不肯重来。借问<u>牛山</u>戏马,今为谁姓池台?"

望楚山

<u>襄阳记</u>:"<u>望楚山</u>有三名,一名<u>马鞍山</u>,一名<u>灾山</u>。<u>宋元嘉</u>中,<u>武陵王骏</u>为刺史,屡登之。鄙其旧名<u>望郢山</u>,因改<u>望楚山</u>,后遂龙飞。是<u>孝武</u>所望之处,时人号为<u>凤岭</u>。高处有<u>三登</u>①,即<u>刘弘</u>、<u>山简</u>九日宴赏之所也。"

①高处有三登:"登",太平御览卷四三引襄阳记作"墱"。

宴湖山

临海记:"郡北四十步有湖山^①,山甚平正,可数百人坐。民俗极重每九日,菊酒之辰^②,宴会于此山者,常至三四百人。"

①郡北四十步有湖山:"步",太平御览卷三二引临海记作"里",此误。

②民俗极重每九日菊酒之辰:同上书作"民俗极重九日,每菊酒之辰"。

宴仙山

图经:"福州九仙山,昔越王以九月九日宴于此山,至今有石樽存焉。"

过南台

萧子显齐书:"宋武帝姓刘,名裕。为宋公时,在彭城,九月九日,游项羽戏马台,至今相承,以为旧准。"李白诗云:"遥羡重阳乍^①,应过戏马台。"陈后山诗云:"南台二谢风流绝,准拟归来古锦囊。"注云:"戏马台也。"又曰:"九日风光堪落帽,中年怀抱更登台。"又东坡词云:"点点楼头雨细,重重江水平湖,当年戏马会东徐。东徐,即彭城也。"僧皎然诗云:"重阳荆楚尚,高会此难陪。偶见登龙客,同游戏马台。"

①遥羡重阳乍:"乍",李太白全集卷一四宣城九日闻崔四侍御与宇文太守游敬亭余时登响山不同此赏醉后寄崔侍御二首(其二)作"作"。

登商馆

南齐书高祖录①:"九月九日,登商飙馆,在孙陵冈曲街也,世呼为'九日台'。"

①南齐书高祖录:"高祖录",南齐书为"武帝纪",此误。按,南齐书武帝纪:"(永明五年)九月己丑,诏曰:'九日出商飙馆登高宴群臣。'辛卯,车驾幸商飙馆。馆,上所立,在孙陵冈,世呼为'九日台'者也。"

宴琼林

杨文公谈苑:"至道二年重阳,皇太子、诸王宴琼林苑。教坊以夫子为戏,宾客李至言于东朝曰:'唐太和中,乐府以此为戏,追赏遽令止之①,笞伶人,以惩失礼。鲁哀公以儒为戏尚不可,况敢及先圣乎!'东朝惊叹,白于上而禁止之,此戏遂绝。"

①追赏遽令止之:"追赏",事实类苑卷一七、古今事文类聚前集卷四三"以儒为戏"条引杨公谈苑作"文宗",此误。

闭东阁

古今诗话:"唐李商隐字义山,号玉溪生。依令狐楚,以笺奏受其学。后其子绚有韦平之拜，浸疏商隐。重阳日，造其厅事，题诗于屏风云：'曾共山翁把酒卮，霜天白菊正离披。十年泉下无消息，九日樽前有所思。莫学汉臣栽苜蓿，遂同楚客咏江蓠。郎君官贵施行马，东阁无因得再窥。'绚睹之惭恨，扃闭此厅，终身不处。"东坡九日诗云："闻道郎君闭东阁，且容老子上南楼。"又云："南屏老宿闲相过，东阁郎君懒重寻。"

记滕阁

撼言："唐王勃字子安，太原人也。六岁能文，词章盖世。年十三，侍父宦游江左，舟次马当，寓目山半古祠，危阑跨水，飞阁悬崖。勃乃登岸闲步，见大门当道，榜曰'中元水府之神'，禁庭严肃，侍卫狰狞。勃诣殿砌瞻仰，稽首返回。归路遇老叟，年高貌古，骨秀神清，坐于矶上，与勃长揖曰：'子非王勃乎？'勃心惊异，虚己正容，谈论款密。叟曰：'来日重九，南昌都督命客作滕王阁序，子有清才，盍往赋之？'勃曰：'此去南昌七百馀里，今日已九月八日矣，夫复何言。'叟曰：'子诚能往，吾当助清风一席。'勃欣然再拜，且谢且辞，问叟仙邪神耶，心祛未悟。叟笑曰：'吾中元水府君也。归帆当以濡毫均甘。'勃即登舟，翌旦昧爽，已抵南昌。会府帅阎公宴僚属于滕王阁。时公有婿吴子章，喜为文词，公欲夸之宾友，乃宿构滕王阁序，俟宾合而出为之，若即席而就者。既会，公果授简诸客，诸客辞。次至勃，勃辄受。公既非意，色甚不怡，归内阁，密嘱数吏，伺勃下笔，当以口报。一吏即报曰：'南昌故郡，洪都新府。'公曰：'此亦儒生常谈耳。'一吏复报曰：'星分翼轸，地接衡庐。'公曰：'故事也。'又报曰:'襟三江而带五湖,控蛮荆而引瓯越。'公即不语。俄而数吏沓至以报,公但领颐而已。至'落霞与孤鹜齐飞,秋水共长天一色',公矍然拊几曰:'此天才也!'顷而文成,公大悦,复出主席,谓勃曰:'子之文章,必有神助,使帝子声流千古,老夫名闻他年,洪都风月增辉,江山无价,皆子之力也。'遍示坐客叹服。俄子章卒然叱勃曰:'三尺小童儿,敢将陈文,以诳主公!'因对公覆诵,了无遗忘。坐客惊骇,公亦疑之。王勃湛然徐语曰:'陈文有诗乎?'子章曰:'无诗。'勃亦了不缔思,挥毫落纸作诗曰:'滕王高阁临江渚,佩玉鸣銮罢歌舞。画栋朝飞南浦云,珠帘暮卷西山雨。闲云潭影日悠悠,物换星移几度秋。阁中帝子今何在,槛外长江空自流。'子章闻之,大惭而退。公私宴勃,宠渥荐臻。既行,谢以五百缣。遂至故地,而叟已先坐矶石矣。勃拜以谢曰:'府君既借好风,又教不敏,当具菲礼,以答神麻。'叟笑曰:'幸毋相忘。傥过长芦,焚阴钱十万,吾有未偿薄价。'勃领命,复告叟曰:'某之穷通寿夭何如?'叟曰:'子气清体羸,神澄骨弱,虽有高才,秀而不实。'言毕,冉冉没于水际。勃闻此,怏怏不乐,过长芦而忘叟之祝。俄有群鸟集樯,拖橹弗进。勃曰:'此何处?'舟师曰:'长芦也。'勃恍然,取阴钱如数焚之而去。"罗隐诗曰:"□□有意怜才子[①],歘忽威灵助去程。一席清风雷电疾,满碑佳句雪冰清。涣然丽藻传千古,赫尔英名动两京。若匪幽冥□□客[②],至今佳景绝无声。"后之人又作倾杯序云:"昔有王生,冠世文章。尝随旧游江渚。偶尔停舟寓目,遥望江祠,依依陌上闲步。恭诣殿砌,稽首瞻仰,返回归路。遇老叟,坐于矶石,貌纯古。因语□,子非王勃是致,生惊询之,片饷方悟。子有清才,幸对滕王高阁,可作当年词赋。汝但上舟,休虑。迢迢仗清风去。到筵中,下笔华丽,如神助。○会俊侣。面如玉。大夫久坐觉生怒。报云落霞并飞孤鹜。秋水长天,一色澄素。阎公竦然,复坐华筵,次诗引序。道鸣鸾佩玉,锵锵罢歌舞。○栋云飞过南浦,暮帘卷向西山雨。闲云潭影,淡淡悠悠,物换星移,几度寒暑。阁中帝子,悄悄垂名,在于何处?算长江、俨然自东去。"

①□□有意怜才子:全唐诗补编续补遗卷一二引此诗作"江神有意怜才子"。

②若匪幽冥□□客:同上书此句作"若匪幽冥祐词客"。

为时宴

齐人月令:"重阳之日,必以糕酒,登高眺迥,为时宴之游赏,以畅秋志。酒必采茱萸、甘菊以泛之,既醉而还。"

藉野饮

荆楚岁时记:"九月九日,四民并藉野宴饮。"

出郊外

皇朝东京录:"重阳日,都人多出郊外登高,如仓王庙、梁王城、四里桥、毛驼冈、独乐冈、愁台、砚台等处聚宴。"

得别会

唐史："韦绶为集贤院学士,九月九日宴群臣曲江,绶请集贤学士得别会,帝一一顺听[1]。"

[1]帝一一顺听:"一一",新唐书卷一六〇韦绶传作"一"。

任追赏

唐史李泌传[1]:"贞元敕:'九月九日,宜任百寮追赏。'"

[1]唐史李泌传:"李泌传"三字疑衍。按,两唐书李泌传不载贞元敕,此敕实见于德宗纪。如旧唐书德宗纪下:"(贞元四年)九月丙午,诏:'比者卿士内外,左右朕躬,朝夕公门,勤劳庶务。今方隅无事,烝庶小康,其正月晦日、三月三日、九月九日三节日,宜任文武百僚选胜地追赏为乐。每节宰相及常参官共赐钱五百贯文,翰林学士一百贯文,左右神威、神策等军每厢共赐钱五百贯文,金吾、英武、威远诸卫将军共赐钱二百贯文,客省奏事共赐钱一百贯文,委度支每节前五日支付,永为常式。'"此事之所以误系于李泌传,恐与李泌迎合德宗之意,进言"以二月朔为中元节",德宗遂著令中元节"与上巳、九日为三令节"事有关。

再宴集

岁时杂记:"都城士庶,多于重九后一日,再集宴赏,号小重阳。"<u>李太白</u>诗云:"昨日登高罢,今朝再举觞。菊花何太苦,遭此两重阳。"<u>山谷</u>词云:"茱萸黄菊年年事,十日还将九日看。"前辈诗云:"九日黄花十日看。"又云:"十日重看九月花。"

遗亲识

<u>岁时杂记</u>:"都人遇重九,以酒、果、糕等送诸女家,或遗亲识。其上插菊花,撒石榴子、栗黄,或插小红旗,长二三寸。又埴泥为<u>文殊菩萨</u>骑狮子像,蛮人牵之,以置糕上。"

无饮宴

<u>岁时杂记</u>:"重九,京都士人饮燕者不甚多,禁苑赐宴久不讲,民间不甚异。常时凡诸节序,唯冬至、寒食,虽小巷亦喧喧然者,以许士庶赌博,小人竞利喜为之,清高放旷之风则寂焉矣。"

为菊饮

<u>韦绶</u>为集贤罢[①],九月九日,帝为<u>黄花歌</u>,顾左右曰:"安可不示<u>韦绶</u>!"即遣使持往。

[①]<u>韦绶</u>为集贤罢:本条失注出处,实当见于<u>新唐书</u>卷一六九<u>韦贯之</u>传附<u>绶</u>传。

御制诗

抒情诗:"唐宣宗因重阳,锡宴群臣,有御制诗。其略曰:'款塞旋征骑,和戎委庙贤。倾心方倚注,协力共安边。'宰臣已下应制皆和。上曰:'宰相魏謩诗最出众。'其两联云:'四方无事事①,神豫杪秋来','八水寒光起,千山霁色开。'上嘉赏久之。魏蹈舞拜谢,群臣耸视,魏有得色,极欢而罢。"

①四方无事事:"无事事",太平广记卷一九九"唐宣宗"条引抒情诗作"无事去"。

广绝句

谢无逸溪堂集云:"潘邠老有'满城风雨近重阳'之句,今去重阳四日而风雨大作,遂用邠老之句,广为三绝云:'满城风雨近重阳,无奈黄花恼意香。雪浪翻天迷赤壁,令人西望忆潘郎','满城风雨近重阳,不见修文地下郎。想得武昌门外柳,垂垂老叶半青黄','满城风雨近重阳,安得斯人共一觞。欲问小冯今健否,云中孤雁不成行。'"

进谑词

荆楚岁时记:"重九日,常有疏雨冷风,俗呼为催禾雨。"前辈词云:"疏风冷雨,此日还重九。"康伯可在翰苑日,常重九遇雨,奉诏撰词,伯可口占望江南一阕进云:"重阳日,四望雨垂垂。戏马台前泥拍肚,龙山会上水平脐。直浸到东篱。　茱萸伴,黄菊湿滋滋。落帽孟嘉寻箬笠,休官陶令觅蓑衣。两个一身泥。"上为之启齿。"滋"音赍。

嘲射诗

启颜录:"唐宋国公萧瑀不解射,九月九日赐射,萧瑀箭俱不着垛,一无所获。欧阳询咏之曰:'急风吹缓箭,弱手驭强弓。欲高翻覆下,应西还更东。十回俱着地,两手并擎空。借问谁为此,多应是宋公。'后唐宗见此诗①,乃谓萧瑀曰:'此乃是欧阳询四十字章疏也。'自是萧与询有隙。"

①后唐宗见此诗:"宗",古今事文类聚前集卷四二"作诗嘲射"条引启颜录作"帝"。

号词客

蕙亩拾英集:"锦宫官妓尹氏,时号为诗客,今蜀中有诗客传是也。诗客有女弟,工词,号词客,亦有传。蔡尹因重九令赋词,以'九'为韵,不得用'重九'字,即席作西江月云:'韩愈文章盖世,谢安才貌风流。良辰开宴在西楼。敢劝一卮芳酒。　记得南宫高第,弟兄都占鳌头。金炉玉殿瑞香浮。名在甲科第九。'蔡公兄弟皆擢甲科,而皆第九。词客本士族,蔡尹情而与之出籍。王帅继镇,闻其名,追之。时郡人从帅游锦江,王公命作词,且以词之工拙为去留。遂请题与韵,令作玉楼春以呈。一坐咨赏,会罢释之。词云:'浣花

溪上风光主。宴集瀛仙开幕府。商岩本是作霖人,也使闲花沾雨
露。　谁怜民族传簪组。狂迹偶为风月误。愿教朱户柳藏春,莫
作飘零堤上絮。'"

唱歌声

江南野史:"唐尹氏姿容颇丽,性识敏慧,不因保母,而妙善唱
歌。因重阳与群女戏登南山文峰,同辈命之歌。尹乃颦眉缓颊,怡
然一两声,达数十里。故俗耆旧云:'尹氏之歌,闻于长安。'"

符异识

南唐近事:"陈乔、张俄重阳登高于北山湖亭,不奏声乐,因吟
杜工部九日宴蓝田崔氏庄诗,其末句云:'明年此会知谁健,醉把茱
萸子细看。'员外郎赵宣父时亦在集,感慨流涕者数四,举坐异之。
未几,赵卒。"

讲武事

南齐书:"南齐以九月九日马射。或说,秋,金气,讲习武事,象
汉立秋之礼。"又晋礼志:"九月九日马射,云秋金之节,讲武习射,
象立秋之礼也。"

岁时广记

卷三十六

猎沙苑

广德神异录①："天宝十三年，重阳日，元宗猎于沙苑。时云间有孤鹤回翔，元宗亲御弧矢，一发而中。其鹤带箭徐坠，将及地丈许，欻然矫翼，由西南飞逝，万众极目，良久乃灭。先是，益州城西有明月观，松桂深寂，非修习精确者②，莫得而居。观之东廊第一院，尤为幽绝。每有自称青城道士徐佐卿者，一岁率三四至，风局清古，甚为道流之所倾仰。忽一日，自外至，神采不怡，谓院中人曰：'吾行山中，偶为飞矢所加，寻已无恙矣。然此箭非人间所有，吾当留之壁间。后年箭主到此，即宜付之，慎无坠失。'仍援毫记壁云：'留箭之时，则十三载九月九日也。'后元宗避乱幸蜀，暇日命驾行游，偶至斯观，乐其佳境，因遍诸院。既入斯堂，忽睹挂箭，命侍臣取而玩之。盖御箭也，上深异之。因询观之道士，具以实对，即视佐卿所题，乃前岁沙苑纵畋之日，佐卿即中箭孤鹤尔，当日盖自沙苑翻飞而至于此。元宗大奇之，因收其箭而宝焉。自后，蜀人无复有遇佐卿者。"东坡作赤壁赋，指道士为孤鹤，岂非暗用此事乎？

①广德神异录：太平御览卷三二引作"集异记"，太平广记卷三六"徐佐卿"条引作"广德神异录"。按，新唐书艺文志三："薛用弱集异记三卷。字中胜，长庆光州刺史。"又宋史艺文志二："渤海填唐广德神异录四十五卷。"可知集异记初撰于唐，而广德神异录则编成于宋，御览所引乃其本始。

②非修习精确者："精确"，同上二书作"精悫"。

授天册

汉天师家传："真人张道陵于桓帝永寿元年，领弟子王长、赵升往云台治，筑坛安炉，复炼大丹。丹成服之，浴于水，有神光。二年九月九日，在巴西赤城渠亭山中，太上遣使者持玉册，授正一真人之号。因谓长、升曰：'吾有丹在炼丹亭上金盂中，汝二子可分饵，今日当随吾矣。'是日停午之际，复见一人，朱衣青襟，曳履持版，一人黑帻绡衣，结履佩剑，各捧玉函，从朱衣使者，趋前再拜曰：'奉上清真符，追真人于阆苑。'须臾，东北二十四人，皆龙虎鸾鹤之骑，各执青幢绛节，狮子辟邪，天骄甲卒皆至，称景阳吏。即有黑龙驾一紫舆，玉女二人，引真人与夫人雍氏登车。前导后从，天乐隐隐，迎至一处，琼楼玉阁，阙上金牌玉字曰'太玄都省正一真人阙'。真人与夫人同入，升于宝台，万神趋贺，群仙顶谒。"唐肃宗御赞曰："德自清虚，圣教之实。或隐或见，是朴是质。靖处琼堂，焚香玉室。道心不二，是为正一。"

炼金丹

女仙录^①："孙夫人,三天法师张道陵妻也。同隐龙虎山,修三元默朝之道积年,累有感降。天师得黄帝龙虎中丹之术,丹成能服之^②,分形散景,坐在立亡。天师自鄱阳入嵩高山,得隐世制命之术,能策召鬼神。时海内纷扰,在位多危,又大道凋丧,不足以拯危佐世。年五十方修道,及丹成,又二十年。术用精妙^③,遂入蜀,游名山,率身行教。夫人栖真江表,道化甚行。以永嘉元年到蜀^④,居阳平治。炼金液还丹,依太一元君所授黄帝之法,积年丹成,变形飞化,无所不能。以桓帝永寿二年丙申九月九日,与天师于阆中云台山白日升天,位于上真^⑤。"

①女仙录:太平广记卷六〇"孙夫人"条引作"女仙传"。

②丹成能服之:同上书"能"字,在下句"分形散景"前。

③术用精妙:同上书句前有"既"字。

④以永嘉元年到蜀:"永嘉",按同上书作"以汉桓帝永嘉元年乙酉到蜀",既称东汉年号,则定与西晋永嘉年号无关。考后汉书卷六冲帝纪,冲帝年号"永憙"(原误作"永嘉",中华书局点校本已校正),则同上书原文亦有误,实当作"汉冲帝永憙元年乙酉",即公元145年为是。

⑤位于上真:同上书作"位至上真东岳夫人"。

开花神

续仙传:"殷七七,名文祥,又名道筌,不知何许人也。游行天下,人久见之,然莫测其寿,多醉于城市间。周宝旧于长安识之,寻为泾原节度,延遇礼重。及宝移镇浙西,数年后,七七忽到,宝召之,师敬益甚。每自歌曰:'琴弹碧玉调,药炼白朱砂。解酝顷刻酒,能开非时花。'宝尝试之,悉有验。鹤林寺有杜鹃花,寺僧相传云,贞元中,有外国僧自天台①,钵盂中以其根来种之②。每至春末盛开,或窥见三女子,红裳艳丽,往来花下。人有摘者,必为所祟,俗传女子花神也。花之繁盛,异于常花。其花欲开,报探分数,节使宾僚官属,继日赏玩。其后一城士女,无不酒乐游从③。宝一日谓七七曰:'鹤林之花,天下奇绝。常闻能开非时之花,今重九将近,能副此日乎?'七七曰:'可也。'乃前二日往鹤林焉。中夜,女子来谓七七曰:'道者欲开此花耶?妾为上元所命,下司此花。然此花在人间已逾百年,非久当归阆苑,今特与道者共开之。'来日晨起,寺僧忽讶花渐折蕊,及九日,烂漫如春,乃以闻,宝与一城士庶惊异之,游赏复如春间。数日,花俄不见。后兵火焚寺,树失根株,信归阆苑矣。"东坡守钱塘,观菩提寺南漪堂杜鹃诗云:"南漪杜鹃天下无,披香殿上红氍毹。鹤林兵火真一梦,不归阆苑归西湖。"又和述古冬日牡丹诗云:"当时只道鹤林仙,能遣秋花发杜鹃。谁信诗能回造化,直教霜枿放春妍。"又云:"安得道人殷七七,不论时节遣开花④。"

　　①有外国僧自天台:太平广记卷五二"殷天祥"条引续仙传句后有"来"字。

　　②钵盂中以其根来种之:同上书"其根"前有"药养"二字。

　　③无不酒乐游从:同上书"酒"前有"载"字。

　　④不论时节遣开花:"开花",苏轼诗集卷八后十日复至诗作

"花开"，此误。

遇仙方

列仙传："唐蜀中酒阁，一日，有道人过饮，童颜漆发，眉宇疏秀。酒酣，据肩自歌。歌曰：'尾闾不禁沧溟竭，九转神丹都漫说。惟有斑龙顶上珠，能补玉堂关下穴。'时邻坐有许仲源者，见之，顾其俦曰：'此非尘俗人也。'乃起致敬，愿解所歌之意。道人曰：'今日未当说。汝必欲知此，可于重九日丈人观相寻。'许因移席与饮，未终而先去。许至日，绝早往观中，而道人先已在焉，乃探怀中一短卷授许，曰：'此返老还童之术也。吾饵此药，今寿四百二十三年矣。缘汝宿骨有分，加之至恳，故以相授。若能以阴功成就之，即当仙矣。'言讫，化白鹤飞去。许乃再拜受归，炼服不怠，岁数百而有少容，行及奔马，力兼数人。后入青城山，遂不复见。弟子有得其术者，因以传人，其歌曰'尾闾不禁沧溟竭'者，谓尾闾乃东海泄水穴也，人身泄气之所亦名尾闾，若此不禁，沧溟可竭矣。'九转神丹都漫说'者，谓龙虎铅汞，阴阳日月，黄芽白雪，婴儿姹女，皆不归一也。'惟有斑龙顶上珠，能补玉堂关下穴'者，谓取鹿角一双，每三寸长截之，东流河水浸，刷去土，每斤入楮实子一两，黄蜡、桑白皮各二两，盛以金石之器，慢火煮三日三夜。外用一器贮热水，旋添，候数日足，取出，削去黑皮服之。"

梦暑药

夷坚甲志："虞并甫，绍兴二十八年，自渠州守召至行在，憩北郭外接待院。因道中冒暑得疾，泄痢连月。重九日，梦至一处，类神仙居。一人被服如仙官，延之坐。视壁间有韵语一方，读之数过。其词曰：'暑毒在脾，湿气连脚。不泄则痢，不痢则疟。独炼雄黄，烝面和药。甘草作汤，服之安乐。别作治疗，方家之错。'梦回，尚能记，即录之，盖治暑泄方。如方服之，遂愈。"

辟邪恶

异苑①："庾绍之与宗协为中表之亲②。桓玄时，绍之为湘水太守③，病亡。后协遇重九日，政饮茱萸酒次，俄一小儿通云：'庾太守请见。'须臾，绍之忽至。协与坐叙阔，因问以鬼神生死之事。顷之，求饮，协以酒饮之，绍之执杯便置，遽曰：'酒有茱萸气。'倐尔不见。"审是，则茱萸辟邪恶可知矣。

①异苑：此事见今本异苑卷六，而太平广记卷三二一"庾绍之"条则引作"冥祥记"。

②庾绍之与宗协为中表之亲："宗协"，异苑卷六作"宋协"。

③绍之为湘水太守："湘水"，同上书作"湘东"，此误。

借书籍

续搜神记："有一书生居吴，自称胡博士。以经传教授，假借诸经书，涉数载，忽不复见。后九月九日，人相与登山游观，但闻讲诵之声，寻觅，有一空冢。入数步，群狸罗坐，见人迸走。唯有一狸独不能去，乃是常假书者。"

置药市

四川记:"唐王昌遇,梓州人。得道,号元子[①],大中十三年九月九日上升。自是以来,天下货药辈,皆于九月初集梓州城,八日夜,于州院街易元龙池中[②],货其所赍之药,川俗因谓之药市,递明而散[③]。逮国朝天圣中,燕龙图肃知郡事,又展为三日,至十一日而罢。药市之起,自唐王昌遇始也。"

①号元子:"元子",事物纪原(宋高承撰)作"易玄子",此误。按,事物纪原卷八药市:"唐王昌遇,梓州人。得道,号易玄子,大中十三年九月九日上升。自是以来,天下货药辈,皆于九月初集梓州城,八日夜,于州院街易玄龙冲池货其所赍药,川俗因谓之药市,迟明而散。逮宋朝天圣中,燕龙图肃知郡事,又展为三日,至十一日而罢。是则药市之起,自唐王昌遇始也。有碑叙其本末甚详。"

②于州院街易元龙池中:"易元龙池",同上书作"易玄龙冲池"。

③递明而散:"递",同上书作"迟",此误。

吸药气

四川记:"成都九月九日为药市,诘旦,尽一川所出药草异物与道人毕集。帅守置酒行市以乐之,别设酒以犒道人。是日早,士人尽入市中,相传以为吸药气愈疾,令人康宁。是日雨,云有仙人在其中。张仲殊作望江南以咏之曰:'成都好,药市晏游闲。步出五门鸣剑佩,别登三岛看神仙。缥缈结灵烟。　　云影里,歌吹暖霜天。何用菊花浮玉醴,愿求朱草化金丹。一粒定长年。'"

请证明

夷坚志:"池州贵池县有妙因寺,僧子深主之。壮岁游方,参请步历不倦,而馔饮之间,不择荤素,皆以为泛常流耳。乾道九年九月九日,所善柯伯詹过之,留饮数杯。将彻,忽语詹曰:'子今日为我证明。'詹曰:'闻师此说久矣,只恐未必了得。'僧作色言:'吾今撒手便行,不比常时,子盍少驻。'即入寮中,使童行鸣鼓集众。已而端坐,索笔书曰:'衲僧日日是好日,要行便行毋固必。虚空天子夜行船,摩诃般若波罗密。'掷笔而化。"

作斋会

东京梦华录:"京都诸禅寺,九日各有斋会。惟开宝寺仁王院有狮子会,诸僧皆坐狮子上作法事讲说。"

炼阳气

岁时杂记:"九者,老阳之数,九月九日,谓之重阳。道家谓老君九月九日生,取诸此也。仙人道士,所以销阴炼阳为君子,当法此以自强不息,何暇登山肆饮耶。"

消阳厄

仙书:"茱萸为辟邪翁,菊花延寿①,假此二物,以消阳九之厄。"

①菊花延寿:百菊集谱(宋史铸撰)卷三引仙书句后有"客"字。

种罂粟

提要录:"重九日,宜种罂粟。早午晚三时种,开花三品。"按,本草名罂粟子①:"味甘平,无毒,主丹石发动不下食者。和竹沥煮作粥,食之极美。一名象谷,一名米囊,一名御米花②。"图经云:"种之甚难,圃人隔年粪地,九月布子,涉冬至春始生,苗极繁茂矣。不尔,种之多不出,亦不茂③。俟其瓶焦黄,则采之。"衍义曰:"研末,以水煎,仍加蜜为罂粟汤,服石人甚宜饮之。"

①本草名罂粟子:"罂粟子",证类本草作"罂子粟",此误。按,证类本草卷二六:"罂子粟,味甘平,无毒,主丹石发动不下食者。和竹沥,煮作粥食之,极美。一名象谷,一名米囊,一名御米。花红白色。似髇箭头,中有米,亦名囊子。"

②一名御米花:"御米花",按本草原文,"花"字当属下句,此误。见上注。

③亦不茂:同上书引图经句前有"出"字。

收枸杞

四时纂要:"重九日,收枸杞,浸酒饮,不老不白,去一切风。淮南枕中记著西河女子服枸杞法云:'正月上寅采根,二月上卯治服之。三月上辰采茎,四月上巳治服之。五月上午采叶,六月上未治服之。七月上申采花,八月上酉治服之。九月上戌采子,十月上亥治服之。十一月上子采根,十二月上丑治服之。'又有并花实根茎作煎,及单榨子汁煎膏服之,其功并等,轻身益寿。"

养白鸡

墓书:"养白鸡,令识其主声形,以五月五日、九月九日,任意用五色彩长五寸,系鸡颈。将鸡于名山,放鸡著山,仰头咒曰:'必存鸣晨,鸡心开悟。'"

喂肥鸡

集正历:"九月九日,采荏子喂鸡令肥。"

必里迟

燕北杂记:"戎主九月九日打团斗射虎[①],少者输重九一筵席。射罢,于高地处卓帐,与番臣、汉臣登高饮菊花酒,兔肝切生,以鹿舌酱拌食之。番呼此节为'必里迟离',汉人译云'九月九日'也。"

①戎主九月九日打团斗射虎:"团",类说卷五引燕北杂记"打圃斗射虎"条作"圃"。

岁时广记

卷 三十七

小 春

礼记月令曰:"孟冬之月,律中应钟。"注云:"阴应于阳,转成其功。是月也,坤卦上六,纯阴用事,将生少阳。"又初学记云:"冬月之阳,万物归之。以其温暖如春,故谓之小春,亦云小阳春。"

赐锦段

皇朝岁时杂记:"十月朔,京师将校禁卫以上,并赐锦袍,皆服之以谢。三日,近侍、宗室、侯伯预赐者,但赐锦段。以将公服领袖若尚褾之制,或戏曰:'看看将相近侍,总去镜匣里伸出头来也。'边方大帅、都漕、正任侯皆赐锦袍。旧河北、陕西、河东转运使副无此赐,祖宗朝有人自陈,乃赐衣袄,诸军将校皆赐锦袍。"

赐锦袍

续翰林志:"李昉赴玉堂赐宴诗后序云:'今日之盛,其事有七①：新赐衣带鞍马，十月朔锦袍，特定草麻例物，改赐内库法酒，俸给见钱，给亲事官随从，就院敕设。'"

①其事有七：以下所引七事，摘句过简，不足达意，且多讹脱，兹据翰苑群书（宋洪迈编）卷七禁林宴会集重录如下："昉顷在禁林，前后出处凡二十有五载，不逢今日之盛事者有七：新学士谢恩日，赐袭衣金带、宝鞍名马，一也；十月朔，改赐新样锦袍，二也；特定草麻例物，三也；改赐内库法酒，四也；月俸并给见钱，五也；特给亲事官随从，六也；新学士谢恩后，就院赐敕设，虽为旧事，而无此时供帐之盛，七也。凡此七事，并前例特出异恩，有以见圣君待文臣之优厚也。"

赐冬袄

杨文公谈苑："国朝之制，文武官诸军校在京者，十月旦，皆赐衣服。其在外者，赐中冬衣袄。"又钱惟演金坡遗事载旧规云："十月初，别赐长袄子。国初以来赐翠毛锦，太宗改赐黄盘雕。"

赐季衣

皇朝岁时杂记："十月朔，百官自升朝以上，皆赐夹公服衣着，将士亦是日赐夹袍，将校禁旅亦皆及，唯宗室甚厚，谓之四季衣，春、冬、端五、十月一日也。"

赐时服

渑水燕谈："升朝官每岁初冬赐时服,止于单袍。太祖讶方冬犹赐单衣,命赐以夹服。自是,士大夫公服,冬则用夹。"

赐茶酒

皇朝岁时杂记："朝堂诸位,自十月朔设火,每起居退,赐茶酒,尽正月终。每遇大寒阴雪,就漏舍赐酒肉。"

进炉炭

东京梦华录："十月朔,有司进暖炉炭。民间皆置酒,作暖炉会。"又吕原明岁时杂记："京人十月朔,沃酒及炙脔肉于炉中,围坐饮啖,谓之'暖炉'。"

开火禁

皇朝岁时杂记："大内火禁甚严,自十月朔许置火,尽正月终。近岁多春寒,常特展火禁五日,亦不过展。"

朝陵寝

东京梦华录："十月朔,都城士庶皆出城飨坟。禁中车马出道者院及西京朝陵,宗室车马亦如寒食节。城市内外,已于九月下旬卖冥衣靴鞋席帽衣段,以备此朔烧献。"

拜墓茔

河南程氏遗书:"拜墓则十月一日拜之,感霜露也。寒食节又从常礼祭之,饮食则称家有无。"

修斋会

岁时杂记:"十月朔,在京僧寺,以薪炭出于檀施,是日必开炉,上堂作斋会。"

食黍臛

太清草木方:"十月一日,宜食麻豆钻①。"荆楚岁时记云:"人皆食黍臛,则炊干饭,以麻豆羹沃之。"钻即黍臛也。

①宜食麻豆钻:"豆钻",无所取义,按说文食部:"饡,以羹浇饭也。"疑当作"饡"。下同。

上馎饨

卢公范馈饷仪:"十月一日,上荞麦、野鸡、馎饨。"

作焦糖

唐杂录:"十月一日,爨俗,作蒸裹焦糖为节物。"杜甫十月一日诗云:"蒸裹如干室,焦糖幸一柈。""柈"与"盘"同。

送缣绵

岁时记:"十月朔,人家送亲党薪炭、酒肉、缣绵,新嫁女送火炉。"

占麻麦

四时纂要:"十月朔日风雨者,旱,夏水,麻子贵十倍。二日雨,贵五倍。一云来年麦善。晦日,同占。"

卜米谷

四时纂要:"十月朔日,风从东来,籴贱;从西来,春贵。朔日风寒,正月米贵;大雨大贵,小雨小贵。"

崇道教

正一旨要:"十月一日,道家谓之民岁腊,五帝校定生人录料,官爵寿算,疾病轻重。其日可谢罪,请添算寿。祭祀,先沐浴于玄祖,慎勿多食、淫昏醉睡,可念善礼拜。"

请福寿

道书:"十月一日为成物之日,<u>东皇大帝</u>生辰,五方<u>五帝</u>奏会之日,宜祈福请算。"

获仙药

原化记:"<u>大历</u>初,<u>钟陵</u>客<u>崔希真</u>,家于郡西,善鼓瑟,工绘事,好修养之术。尝十月朔大雪晨出,见一老父,蓑笠避雪门下,<u>希真</u>异之,请入。既去蓑笠,见起神色毛骨,知为非常人也,益敬之,遂献汤饼及松花酒。老父曰:'花酒无味。野人有物,能令其醇美。'乃于怀中取药一丸,黄色而坚,以石扣,置酒中,顿见甘美。复以数丸相遗,请问,老父笑而不答。<u>希真</u>入宅,于窗隙窥之,见老父于幄前画素上①,如有所图,俄忽失之。<u>希真</u>视幄中,得图焉,有三人二树一白鹿一药笈,笔势清绝,似非意所及②。<u>希真</u>后将图并药诣<u>茅山</u>,<u>李涵光</u>天师曰:'此真人<u>葛洪</u>第三子所画,其药乃千岁松胶也。'"

①见老父于幄前画素上:"画素",<u>太平广记</u>卷三九"崔希真"条引<u>原化记</u>作"所挂素"。

②似非意所及:同上书"非"字后有"常"字。

下　元

道经曰:"十月十五日,谓之下元令节。是日,宜斋戒沐浴,静虑澄心,酌水献花,朝真礼圣,可以灭罪消愆,延年益寿。"

宜崇福

正一旨要:"下元日,九江水帝、十二河源溪谷大神与旸谷神、水府灵官,同下人间,校定生人罪福。"又:"下元三品解厄水官,主录百司,检察人间善恶,上诣天阙进呈,大宜崇福。"

罢观灯

皇朝岁时杂记:"开宝元年,诏中元张灯三夜,唯正门不设灯。上御宽仁楼,即今东华门也。太平兴国四年,设下元灯,依中元例,张灯三夜。淳化元年,诏罢中元、下元观灯。"

上灵庙

干宝搜神记:"汉代十月十五日宫中故事,以豚酒上灵女庙,吹埙击筑,奏上弦之曲,连臂踏歌赤凤来之曲,乃巫俗也。"

升仙天

列仙传:"十月十五日,衡岳何真人升仙日,又神烈真君同弟子四人飞升日,又普慧钟离真人飞升日,又王真人尸解日。"

戴辣时

燕北杂记:"十月内,五京进纸,造小衣甲并枪刀器械各一万副。十五日一时堆垛,戎主与押番臣寮望木叶山,奠酒拜。用番字书状一纸,同焚烧□木叶山神云'寄库',番呼此为'戴辣',汉人译云'戴'是烧,'辣'是甲。"

岁时广记

卷 三十八

冬 至

通历及高氏小史曰："地皇氏以十一月为冬至。"历义疏云："冬至，十一月之中气也。言冬至者，极也。太阴之气，上干于阳，太阳之气，下极于地，寒气已极，故曰冬至。气当易之，是以王者闭门间，商旅不行。以其阳气乘踊，君寿益长，是以冬贺也。亦以日之行天，至于巽维东南角，极之于此，故曰冬至。"

一阳生

易复卦疏："阳气始于剥尽之后，至阳气复时，凡经七日。如褚氏、庄氏，并云五月一阴生，十一月一阳生。凡七月而云七日，不云月者，欲见阳长须速，故变月言日。"易通卦验云："冬至一阳生，配乾之初九。"

七曜会

汉书:"宦者淳于陵渠复太初历,晦朔弦望最密,日月如合璧,五星如连珠。"注云:"谓太初上元甲子夜半朔旦,冬至时,七曜皆会牵牛分度。"又桓谭新论云:"从天元已来,讫十月朔朝冬至,日月如连璧。"

昴星见

尚书:"日短星昴,以正仲冬。"孔安国注云:"日短,冬至之日也。昴曰武中星,亦以七星并正冬至三节也。"傅亮冬至诗云:"昴星殷仲冬,短晷穷南极。"

辰星升

春秋考异邮曰:"日冬至,辰星升。"

阴气竭

淮南子天文训曰:"冬至则斗北中绳,阴气竭①,阳气萌。故曰冬至为德,万物闭藏,蛰虫首穴。"

①阴气竭:"竭",淮南子作"极"。

阳气萌

后汉陈宠奏："冬至之日,阳气始萌,故有芸荔之应。"月令曰："芸始生,荔挺出。"注云："芸,香;荔①,马薤是也。"宋傅亮冬至诗云："柔荔迎时萋,芳芸应节馥。"

①荔:礼记月令"仲冬之月"郑玄注作"荔,草"。

南极长

左传①:"冬至,日南极。"景极长,阴阳日月万物之始,律当黄钟,其管最长,故有履长之贺。杜甫诗:"冬至至后日初长。"

①左传:按,左传僖公五年:"五年春,王正月辛亥朔,日南至。"杜预注:"周正月,今十一月。冬至之日,日南极。"又初学记卷四"冬至"引玉烛宝典:"十一月建子,周之正月。冬至,日南极,景极长,阴阳日月万物之始,律当黄钟,其管最长,故有履长之贺。"

昼漏短

月令章句:"冬至日有三极,昼漏极短,去北极远,晷景极长。"

黄钟通

汉律历志:"天子以冬至合八能之士,陈八音,听乐均,度晷景,候钟律,权土炭,定阴阳。冬至阳气应,则乐均清,景长极,黄钟通,土炭轻而衡仰。"

君道长

汉杂事:"冬至阳气起,君道长,故贺。夏至阴气起,君道衰,故不贺。"

元明天

吕氏春秋:"冬至,日行远,道周四极,命之曰元明天①。"

①命之曰元明天:"元明天",即"玄明天",盖避宋圣祖赵玄朗讳改。按,初学记卷四"周四极"条引吕氏春秋:"冬至,日行远,道周四极,命之曰玄明天。"

广漠风

易纬:"冬至则广漠风至。"萧悫诗云:"漠风吹竹起。"

会章月

前汉律历志:"参天九,两地十,是谓会数。参天数二十五,两地数二十①,是为朔望之会。以会数乘之,则周于朔旦冬至,是为月会②","以五位乘会数,而朔旦冬至,是为月章③。"

①两地数二十："二十"，汉书律历志上作"三十"，此误。按，汉书律历志上："参天九，两地十，是为会数。参天数二十五，两地数三十，是为朔望之会。以会数乘之，则周于朔旦冬至，是为会月。"

②是为月会："月会"，同上书作"会月"。

③是为月章："月章"，同上书作"章月"。

建子月

玉烛宝典："十一月建子，周之正月也。"老杜诗云："荒村建子月。"王昌龄诗云："驾幸温泉日，严霜子月初。"

得天统

史记封禅书："黄帝得宝鼎神策，是岁己酉朔旦冬至，得天之统①。于是黄帝迎日推策，后率二十馀岁后复朔日冬至。"

①得天之统："统"，史记封禅书作"纪"。

通历法

桓谭新论："通历数家算法，推考其纪，从上古天元以来，讫十一月甲子夜半朔冬至。"

观日影

周礼①："冬至,日在牵牛,影长一丈三尺。夏至,日在东井,影长一尺有五寸。"

①周礼:此处所引非周礼本文,乃郑玄注语。按,周礼春官冯相氏:"冬夏致日,春秋致月,以辨四时之叙。"郑玄注:"冬至,日在牵牛,景丈三尺。夏至,日在东井,景尺五寸。此长短之极,极则气至。"

迎日至

易通卦验:"冬至始,人主与群臣左右从乐五日,天下亦家家从乐五日,以迎日至之礼。"郑玄注云:"从者,就也。冬至,君臣俱就大司乐之官①,临其肄乐。祭天圜丘之乐,以为祭祀莫大于此②。"

①君臣俱就大司乐之官:"官",太平御览卷二八引易通卦验郑玄注作"宫",此误。

②以为祭祀莫大于此:"祭祀",同上书引作"祭事"。

书云物

左传:"僖公五年正月辛亥朔,日南至。公既视朔,遂登观台,以望而书,礼也。凡分至启闭,必书云物,为备故也。"注云:"至谓冬、夏至也。"

观云色

周礼："保章氏以五云之物,辨吉凶。"注云:"郑司农以二至、二分观云五色,青为虫,白为丧,赤为兵荒,黑为水,黄为丰。"

祭皇天

晋礼志:"十二月冬至,始祀皇天上帝于圜丘[①],以始祖有虞舜帝配[②]。"

[①]始祀皇天上帝于圜丘:"皇天上帝",晋书礼志上作"皇皇帝天"。

[②]以始祖有虞舜帝配:"舜帝",同上书作"帝舜"。

祭昊天

隋礼仪志:"冬至之夜,阳气起于甲子,既祭昊天,宜在冬至。自是冬至祀天[①]。"

[①]自是冬至祀天:隋书"冬至"后有"谓之"二字。按,隋书礼仪志一:"帝曰:'圜丘自是祭天,先农即是祈谷。但就阳之位,故在郊也。冬至之夜,阳气起于甲子,既祭昊天,宜在冬至。祈谷时可依古,必须启蛰。在一郊坛,分为二祭。'自是冬至谓之祀天,启蛰名为祈谷。"

祀上帝

唐礼乐志:"冬至祀昊天上帝于圜丘,以高祖神尧皇帝配。"

祀五帝

礼记月令:"祀昊天上帝于圜丘。"注云:"冬至日,祀五帝方及日月星辰,礼于坛。"

成天文

易通卦验:"冬至,成天文。"郑玄注云:"天文谓三光运行照天下,冬至而数讫于是时也。祭而成之,所以报也。"

朝圣祖

嘉泰事类仪制令:"诸州圣祖殿,冬至节,州长吏率在城官朝谒。"

同正礼

唐礼乐志:"皇帝冬至受群臣朝贺。其日,将士填诸街,勒所部列黄麾大仗屯门及陈于殿庭。皇帝服通天冠,纱绛袍。户部、礼部陈贡物,并同元正贺礼。惟冬至不奏祥瑞。"

排冬仗

皇朝岁时杂记:"冬至,天子受朝贺,俗谓之排冬仗。百官皆衣朝服,如大礼祭祀。凡燕飨而朝服,唯冬至正会为然。"详见元旦排正仗。

用雅乐

国朝事始:"乾德四年,诏太常寺大朝会复用二舞①。先是,晋天福末,戎虏乱华,中朝多事,遂废之,至是始复。是岁冬至,御乾元殿,始用雅乐登歌。"

①诏太常寺大朝会复用二舞:"大朝会",事实类苑卷二〇引国朝闻见录作"太庙会"。

奉贺表

嘉泰事类仪制令:"冬至,发运监司官、诸州长吏奉表贺。旧制,遣使者如旧例。"详见元日。

如元旦

四人月令①:"冬至之日,荐黍羔,先荐玄冥以及祖祢。其进酒尊老及谒贺君师耆老,一如正旦。"

①四人月令:"人",当作"民",盖唐人避讳改。

亚岁朝

宋书:"魏、晋冬至日,受万国及百寮称贺,因小会,其仪亚于岁朝。"曹植冬至表云:"亚岁迎祥,履长纳庆。"

若年节

东京梦华录:"京师最重冬至节,虽至贫者,一年之间积累假借,至此日更易新衣,备办饮食,享祀先祖。官放关扑,庆贺往来,一如年节。"

号冬除

岁时杂记:"冬至既号亚岁,俗人遂以冬至前之夜为冬除,大率多仿岁除故事而差略焉。"提要录谓之"二除夜"。

为大节

岁时杂记:"都城以寒食、冬、正为三大节。自寒食至冬至,中无节序,故人间多相问遗。至献节,或财力不及,故谚语云'肥冬瘦年'。"

尽九数

岁时杂记:"鄙俗自冬至之次日数九,凡九九八十一日,里巷多作九九词。又云'九尽寒尽,伏尽热尽'。"子由冬至诗云:"似闻钱重柴炭轻,今年九九不难数。"九九词乃望江南,今行在修文巷有印本,言语鄙俚,不录。

添红线

岁时记:"晋、魏间,宫中以红线量日影,冬至后,日添长一线。"杜甫至日遣兴云:"愁日愁随一线长。"古词云:"奈愁又、愁无避处,愁随一线□长。"东坡诗云:"更积微阳一线功。"子由冬日即事云:"寒日初加一线长,腊醅添浸隔罗光。"

增绣功

唐杂录言:"宫中以女功揆日之长短,冬至后,日晷渐长,比常日增一线之功。"山谷诗云:"宫线添尺馀。"艺苑雌黄云:"一线之说,以杜甫小至诗考之,'刺绣五纹添弱线,吹葭六琯动浮灰',当以唐杂录说为是。故柳耆卿有'绣工日永'之词,宋京有'日约绣绷长一线'之句。"

进履袜

宋书:"冬至朝贺享祀,皆如元日之仪。"又进履袜,魏国曹植冬至献袜颂表云：“伏见旧仪，国家冬至献履袜，所以迎福践长。”又酉阳杂俎云：“北朝妇人，常以冬至进履袜及靴。”后魏北京司徒崔浩女仪：“近古妇人，常以冬至进履袜于舅姑。”崔骃袜铭曰：“建子之月，助养元气。”

戴阳巾

云仙散录载金门岁节曰：“洛阳人家，冬至煎饧绿珠①，戴一阳巾。”

①冬至煎饧绿珠：“绿”，云仙散记卷一“洛阳岁节”条作“彩”，此误。

玩冰箸

天宝遗事：“冬至日，大雪霁，因寒，所结檐溜皆冰条，妃子使侍儿敲二条看玩。帝自晚朝视政回，问妃子曰：‘所玩何物邪？’妃子笑而答曰：‘妾玩冰箸也。’帝曰：‘妃子聪慧，比象可爱。’”

贡暖犀

开元遗事：“开元二年冬至，交趾国进犀一株，色如黄金。使者请以金盘置殿中，温温有暖气袭人。上问其故，使者对曰：‘此辟寒犀也。顷自隋文帝时，曾进一株，直至今日。’上甚悦。”前辈诗曰：“辟寒犀外冻云平。”

得特支

皇朝岁时杂记:"在京诸军,每年冬至得大特支。唯南郊年,既有赉,则无特支。若改作明堂,祫享皆同。则既依郊赉,冬至又例有特支。"

休假务

嘉泰事类假宁格:"冬至,假五日。"又假宁令:"诸假皆休务。"

寝兵鼓

五礼通义:"冬至,所以寝兵鼓,商旅不行,君不听政事。"

住军教

嘉泰事类军防格:"冬至,诸军住教三日。"

泣囚狱

后汉[1]:"盛吉为廷尉,每冬至节,狱囚当断。妻夜秉烛,吉持丹笔,夫妻相对垂泣。"东坡庭事萧然三圄皆空和前篇云[2]:"执笔对之泣,哀此系中囚。"

①后汉:按,盛吉虽为后汉人,然后汉书无传,此断狱事今见太

平御览卷二七引会稽典录。

②东坡庭事萧然三囷皆空和前篇云:"和前篇"三字虽题中原有,但与"执笔对之泣"二句相接则有误,此二句盖二十年前所题"前诗",而非二十年后所和"今诗"也。按,苏轼诗集卷三二诗题作"熙宁中,轼通守此郡。除夜,直都厅,囚系皆满,日暮不得返舍,因题一诗于壁,今二十年矣。衰病之馀,复忝郡寄,再经除夜,庭事萧然,三囷皆空。盖同僚之力,非拙朽所致,因和前篇呈公济、子侔二通守",所载二诗,即"前诗"与"今诗"。

祝诸子

晋周顗传①:"顗母李氏,字络秀,生顗及嵩、谟。元帝时,并列显位。常冬至,络秀举觞赐三子曰:'尔等并贵列②,吾复何忧!'嵩曰:'恐不如尊旨。顗志大才短,名重识暗,非自全之道。嵩性直,不容于世。唯阿奴碌碌,常在母目下。'阿奴,谟小字也。后皆如其言。"

①晋周顗传:按此事实见晋书卷九六列女周顗母李氏传,而非晋书卷六九周顗传。

②尔等并贵列:衍"列"字。按,晋书周顗母李氏传:"尝冬至置酒,络秀举觞赐三子曰:'吾本渡江,托足无所,不谓尔等并贵,列吾目前,吾复何忧!'"

候赦法

风角书:"候赦法:冬至后,尽丁巳之日,有风从巳上来,满三日以上,必有大赦。”

验灾旱

易通卦验:“冬至之日,见云送迎从下向,来岁大美,人民和,不疾疫。无云送迎,德薄岁恶。故其云赤者旱,黑者水,白者兵,黄者有土功,诸从日气送迎其征也。”

卜壬日

清台占法:“冬至后一日得壬,灾旱千里;二日得壬,小旱;三日得壬,平常;四日得壬,五谷丰熟;五日得壬,小水;六日得壬,大水;七日得壬,河决;八日得壬,海翻;九日得壬,禾麦大熟;十日得壬,五谷不成。”

占人食

四时纂要云:“以冬至日数,至正月上午日,满五十日,人食①。长一日,即馀一月食;少一日,即少一月食也。此最有据。”

①人食:淮南子句后有“足”字。按,太平御览卷二九引淮南子:“以日冬至数至来岁正月朔日,五十日者,民食足。不满五十日,日减一升;有馀日,日益一斗。(四时纂要曰:“此占最有据也。”)”

避贼风

黄帝针灸经:"冬至之日,风从南来者,为虚贼伤人也。"

别寝处

庚申论:"是月阴阳争,至前后各五日,宜别寝。"

食馄饨

岁时杂记:"京师人家,冬至多食馄饨,故有'冬馄饨,年馎饦'之说,又云'新节已故,皮鞋底破。大捏馄饨,一口一个'。"

作豆粥

荆楚岁时记:"共工氏有不才之子,以冬至死,为疫鬼。畏赤小豆,故冬至日作赤豆粥以禳之。"屏山先生至日诗云:"豆糜厌胜怜荆俗,云物书祥忆鲁台。"

试谷种

崔实种谷法:"以冬至日,平匀五谷各一升,布囊盛,北墙阴下埋之。冬至后十五日发取,平均最多者,岁宜之。一云五十日。"

浇海棠

博闻录:"冬至日早,糟水浇海棠花根,其花分外鲜明。"

奠黑山

燕北杂记:"戎人冬至日,杀白马、白羊、白雁,各取其生血代酒。戎主北望拜黑山,奠祭山神。言契丹死,魂为黑山神所管。又彼人传云,凡死人悉属此山神。"嘉泰事类辽录云:"虏中黑山,如中国之岱宗,云虏人死,魂皆归此。每岁,五京进人马纸各万馀事,祭山焚之。其礼甚严,非祭不敢近山。"

岁时广记

卷 三十九

腊　日

　　许慎说文曰:"冬至后三戌为腊。"广雅曰:"夏曰嘉平,商曰清祀,周曰大蜡,秦初曰腊,已而为嘉平。"祭部云:"汉改为腊。腊者猎也,因取兽以祭也。"玉烛宝典云:"腊者祭先祖,蜡者报百神,同日异祭也。"高堂隆魏台访议曰[①]:"何以用腊?闻先师曰:'帝王各以其行之盛而祖,以其终而腊。水始于申,盛于子,终于辰,故水行之君,以子祖辰腊。火始于寅,盛于午,终于戌,故火行之君,以午祖戌腊。木始于亥,盛于卯,终于未,故木行之君,以卯祖未腊。金始于巳,盛于酉,终于丑,故金行之君,以酉祖丑腊。土始于未,盛于戌,终于辰,故土行之君,以戌祖辰腊。'故汉火德以戌为腊,魏土德以辰为腊,晋金德以丑为腊。"谨按:国朝事始云:"建隆四年,太常博士和岘奏:'唐以前,寅日蜡百神,卯日祭社宫,辰日腊享宗庙。开元定礼,三祭皆于腊辰,以应土德。圣朝火德,合以戌月为腊,而以前七日辛卯便行蜡礼,恐未为宜。'下太常议,而请蜡百神、祀社稷、享宗庙同用戌腊日。"

①高堂除魏台访议:“高堂除”,太平御览卷三三引作“高堂隆”,此误。按,新唐书艺文志二:“高堂隆魏台杂访议三卷。”

秦初腊

史记本纪:“秦惠文君十二年,初腊。”

秦改腊

洞仙传:“茅濛字初成,华阳人也。师鬼谷先生,受长生之术。后入华山,静斋绝尘,修道合药,乘云驾龙,白日升天。先是,其邑歌谣曰:‘神仙得者茅初成,驾龙上升入太清。时下玄洲戏赤城,继世而往在我嬴[①]。帝若学之腊嘉平。’始皇闻之,因改腊曰嘉平,欣然有寻仙志。”

①继世而往在我嬴:“嬴”,太平广记卷五“茅濛”条引洞仙传作“盈”,此误。按,神仙传卷五茅君传亦作“盈”,盖茅君名盈,字叔申,濛乃其高祖。

汉祠社

汉书:“高祖十年春,有司奏令县道常以春二月及腊祠社稷以彘羊[①]。”

①有司奏令县道常以春二月及腊祠社稷以彘羊:“县道”“社

稷”，<u>汉书郊祀志</u>上无“道”、“社”二字。

晋作乐

<u>晋起居注</u>：“<u>安帝隆安</u>四年十二月辛丑，腊祠作乐。”

魏时祭

<u>魏台访议</u>：“荐田猎所得禽兽谓之腊，特时祭之名尔，亦<u>伊耆</u>氏之蜡也。始‘腊’、‘蜡’本一。”

隋定令

<u>隋礼仪志</u>：“<u>隋</u>初，因<u>周</u>制，定令亦以孟冬下亥蜡百神，腊宗庙。<u>开皇</u>四年十一月，诏曰：‘古称腊者，接也，取新故交接。<u>前周</u>岁首，今之仲冬，建冬之月，称蜡可也。<u>后周</u>用<u>夏后</u>之时，行<u>姬</u>氏之蜡。考诸先代，于义有违。其十月行蜡者停，可以十二月为腊。’”

唐用周

<u>唐书</u>：“<u>则天初载</u>二年腊月己未①，始用<u>周</u>腊。”

①则天初载二年：“初载”，按，<u>新唐书则天皇后纪</u>：“<u>天授</u>元年正月庚辰，大赦，改元<u>载初</u>，以十一月为正月，十二月为腊月”，“（二年），腊月己未，始用<u>周</u>腊。”，此误。

莽改法

后汉书①："沛国陈咸,为廷尉监。王莽篡位,还家,杜门不出。莽改易汉法令及腊日,咸言:'我先祖何知王氏腊也?'"

①后汉书:本条出谢承后汉书。按,艺文类聚卷五引谢承后汉书:"沛国陈咸,为廷尉监。王莽篡位,还家,杜门不出。莽改易汉法令及腊日,咸常言:'我先祖何知王氏腊乎?'"范晔后汉书陈宠传亦载此事而文句多异:"陈宠字昭公,沛国洨人也。曾祖父咸,成、哀间以律令为尚书。平帝时,王莽辅政,多改汉制,咸心非之。及莽因吕宽事诛不附己者何武、鲍宣等,咸乃叹曰:'易称"君子见几而作,不俟终日。"吾可以逝矣!'即乞骸骨去职。及莽篡位,召咸以为掌寇大夫,谢病不肯应。时三子参、丰、钦皆在位,乃悉令解官,父子相与归乡里,闭门不出入,犹用汉家祖腊。人问其故,咸曰:'我先人岂知王氏腊乎?'"

赐御宴

提要录:"唐制,腊日赐宴及赐口脂面药,以翠管银罂盛之。"杜甫腊日诗云:"纵酒欲谋良夜醉,还家初散紫宸朝。口脂面药随恩泽,翠管银罂下九霄。"

赐御食

景龙文馆记:"三年,腊日,帝于苑中,召近臣赐腊。晚自北门入,于内殿赐食,加口脂、红雪澡豆等。"又云:"赐口脂、腊脂,盛以翠碧缕牙筒①。"

①盛以翠碧缕牙筒:"翠碧缕",能改斋漫录卷六引景龙文馆记作"翠碧镂"。

赐甲煎

皇朝岁时记:"腊日,国朝旧不赐口脂面药。熙宁初,始赐二府以大白金奁、二小陶罂口脂、甲煎各一,并奁赐之。"

赐牙香

韩渥传:"腊日赐银合子驻颜膏、牙香等,绣香囊一枚。"

献口脂

唐百官志:"中尚署:腊日,献口脂。"

进香囊

唐六典:"中尚署:腊日,进衣香囊。"

制官药

皇朝岁时记:"腊日,政府以供堂钱制药,分送诸厅。其后,多分送药材,如牛黄、丹砂、龙脑、金银箔之类。张杲卿执政日,独以为伤廉,不受。开封府及旧三司则集众钱,合和均分,他官入钱皆得之。外郡亦然。"

授仙药

神仙传:"尹轨,晋太康元年腊日①,过洛阳,授主人以神仙药。"

①晋太康元年腊日:"太康",按,神仙传尹轨传下文谓"明年,洛中果有赵王伦之乱",其事发生在永宁元年(301),前推一年,当是永康元年(300)。若作太康元年(280),则与赵王伦事相违。

送风药

岁时杂记:"医工以腊月献药,以风药为主,亦有献口脂面药及屠苏者。"

治诸药

岁时杂记:"凡治合圆剂,必用腊月,乃经夏不损。如牛胆酿天南星之类,皆用腊月。"

上头膏

太平御览卢公家范:"凡腊日,上澡豆及头膏、面脂。"

酿冬酒

泗人月令①："十月上辛,命典馈渍曲酿冬酒②,以供腊日祭祀。"

①泗人月令:太平御览卷三三引作"崔寔四民月令"。

②命典馈渍曲酿冬酒:"渍",同上书作"清"。

造花馂

金门岁节:"洛阳人家,腊日造脂花馂。"

得菟髌

风俗通:"菟髌,俗说腊正旦食得菟髌者,名之曰幸,赏以寒酒。幸者善祥,令人吉利也。"

薰豕肉

岁时杂记:"腊日,以豕肉先糟熟,挂灶侧,至寒食取食之。"杨诚斋诗曰:"老夫病暑饭不能,先生馈肉香满城。霜刀削下黄水精,月斧斫出红松明。君家猪肚腊前作,是时雪没吴山脚。公子彭生初解缚,糟丘挽上凌烟阁。试将一胾配双螯,人间信有扬州鹤。"

蓄猪脂

岁时杂记:"腊日,猪脂蓄之瓦罐,终岁为唊马之用。"提要录云:"亦可治牛疥癞。"

取兔头

博济方:"治产难滑胎:腊月兔头脑髓一个,摊于纸上令匀。候干,剪作符子,于面上书'生'字一个。觉母阵痛时,用产母钗股夹定,灯焰上烧灰,盏盛,煎丁香酒调下。"又胜金方:"专治发脑后背及痈疽、热疖、恶疮等[1]:腊月兔头细剉,入瓶内密封,愈久愈佳。涂帛上,厚封,热痛处如水[2],频换差。"又抱朴子曰:"兔寿千岁,五百岁毛色变白。"又云:"兔血和女丹服之[3],有神女二人来侍,可役使之。"

[1]专治发脑后背及痈疽热疖恶疮等:"后背",证类本草卷一七"兔"条引胜金方作"发背",此误。

[2]热痛处如水:"水",同上书作"冰",此误。

[3]兔血和女丹服之:此说不尽符抱朴子原义。按,抱朴子内篇金丹:"又采女丹法:以兔血和丹与蜜蒸之,百日,服之如梧桐子者大一丸,日三,至百日,有神女二人来侍之,可役使。"

干兔髓

经验方:"催生丹:兔头二个,腊月内取头中髓,涂放净纸上,令风吹干。入通明乳香二两,碎入前干兔髓同研。来日是腊,今日先研。就夜星宿下,安桌子上,时果香茶,同一处排定。须是洁净斋戒,焚香望北帝拜告:'大道弟子某,修合救世上难产妇人药,愿威灵祐助此药[①],速令生产。'祷告再拜,用纸帖,同露之[②],次烧香[③]。至来日日未出时,以猪肉和丸,如鸡头子大,用纸袋盛贮,透风处悬挂。每服一丸,醋汤下。良久未产,更用冷酒下一丸即产。此神仙方,绝验。"

①愿威灵祐助此药:证类本草卷一七"兔"条引经验方"愿"下有"降"字。

②同露之:语意似欠明晰。按,本草纲目卷五一"兔"条引经验方作"以纸包药,露一夜"。

③次烧香:"次",证类本草卷一七"兔"条引经验方作"更"。

挂牛胆

图经本草:"世多用风化石灰,合百草团末,治金疮,殊胜。今医家或以腊月黄牛胆搵和,却内胆中,挂之当风百日,研之,更胜草叶者。腊月者尤佳。"

收狐胆

续传信方:"腊月,收雄狐胆。若有人卒,暴亡未移时者,温水微研,灌入喉,即活。常须预备救人,移时即无及矣。"又千金方云:"恶刺,取狐屎灰,腊月膏和,封孔上。"

灰乌鸦

本草:"乌鸦,平无毒,腊月者,瓦瓶泥煨烧为灰饮下,治小儿痫及鬼魅。"

煨牡蛎

经验方:"治一切渴:大牡蛎不拘多少,于腊月、端午日①,黄泥裹煨通红,收冷取出为末②,用活鲫鱼煎汤调下一钱匕,小儿服半钱匕,只两服差。"

①于腊月端午日:"腊月",证类本草卷"牡蛎"条引经验方作"腊日",此误。

②收冷取出为末:"收",同上书作"放",此误。

浴蚕种

集正历:"腊日,取蚕种,笼挂桑中,任霜霰雨雪飘冻。至立春日收,谓之天浴。盖蛾子生,有实有妄,妄者经寒冻后,不复生,唯实者生蚕则强健有收成也。"

造蜡烛

琐碎录:"腊日,砍竹浸水中,一百日取出,曝干捶碎。点照,光艳如蜡炬。"

祠公社

礼记月令:"天子乃祈来年于天宗,大割,祠于公社及门间,腊先祖五祀。"注云:"此周礼所谓蜡祭也。"

祭先祖

风俗通:"腊者,猎也。因猎取兽,以祭先祖。"晋博士张亮议曰:"腊,接也。新故交接,畋猎大祭,以报功也。"

报古贤

汉旧仪:"腊者,报鬼神,古贤人有功于民者也。"

祀灶神

搜神记:"汉宣帝时,阴子方者至孝,有仁恩。尝腊日晨炊,而灶神现形,子方再拜受庆。家有黄羊,刲以祀之。暴至巨富,子孙职显。后常腊日祀灶。"

劳农夫

后汉礼仪志:"季冬之月,星回岁终,阴阳以交,劳农夫大享腊,以送故也。"

纵吏饮

蔡邕独断:"腊者,岁终大祭,纵吏民宴饮。非迎气,故但送而不迎。"

遣囚归

后汉书:"虞延除细阳令,每至岁时伏腊,辄休遣囚徒,各使归家。并感其恩德,应期而还。"

放囚还

南史:"何胤仕齐,为建安太守,政有恩信,人不忍欺。每伏腊,放囚还家,依期而返。"

免窃食

后汉书[①]:"韩卓字子助,陈留人。腊日,奴窃食,祭其先人。卓义其心,即白免之[②]。"

①后汉书:此见袁山松后汉书。按,艺文类聚卷五引袁山松后汉书:"韩卓字子助,陈留人。腊日,奴窃食祭其先人。卓义其心,即日免之。"又太平御览卷三三引袁山松后汉书,并注:"免,从良也。"

②即白免之:"白",太平御览卷三三引袁山松后汉书作"日",此误。

恕盗柴

陈留志:"范乔,邑人腊夕盗斫其树,人有告,乔佯不闻。邑人愧而归之,乔曰:'卿腊日取此,欲与父母相欢娱耳。'"

罢献兔

宪宗纪:"元和九年十一月戊子,罢京兆府献狐兔[①]。"腊日,旧献狐兔。

①罢京兆府献狐兔:新唐书宪宗纪"献"前有"腊"字。

取瘦羊

东观汉记:"甄宇,北海人。建武中,青州从事[①],征拜博士。每腊,诏赐博士羊,人一头。羊有大小肥瘦,时博士祭酒议,欲杀羊称分其肉。宇曰:'不可。'又欲投钩,宇复耻之。宇因先自取其最瘦者。"

①青州从事:东观汉记卷一六甄宇传句前有"为"字。

发名花

卓异记:"天授二年腊,卿相等诈称上苑花开,请幸。则天许之,乃遣使宣诏曰:'明朝游上苑,火急报春知。花须连夜发,莫待

晓风吹。'于是凌晨名花瑞草皆发,群臣咸服。"东坡诗云:"连夜开
此花。"又云:"霜枝连夜发。"

生春草

荆楚岁时记:"腊鼓鸣,春草生。"

治疥疮

琐碎录:"腊日,空心用蒸饼卷猪板脂食之,不生疮疥。久服,
身体光滑。陈日华诸孙年年服之,有效。"

除瘟病

养生要诀:"腊月腊夜,令人持椒卧井傍,无与人言,内椒井中,
可除瘟病。"

辟疫鬼

淮南子毕万术①:"腊日,埋圆石于宅隅,杂以桃弧七枚②,则无
鬼疫。"

①淮南子毕万术:"毕万术",按后魏贾思勰齐民要术、唐段公
路北户录及艺文类聚、初学记、太平御览皆引作淮南万毕术,而旧
唐书经籍志、新唐书艺文志则明确著录为淮南王万毕术,可证"毕

万术"为误。

②杂以桃弧七枚："桃弧",太平御览卷三三引淮南万毕术作
"桃核"。

打干种

凤台麈史:"安陆地宜稻,春雨不足,则谓之打干种。盖人牛种
子倍费。元符己卯大旱,岁暮,农夫相告曰:'来年又打干矣。'盖腊
月牛骤泥中则然①。明年,果然。"

①盖腊月牛骤泥中则然:"腊月",麈史卷三作"腊日"。

就寺浴

岁时杂记:"京师士大夫,腊日多就僧寺澡浴,因饮宴或赋诗,
不知其所起也。"

醮天官

正一旨要:"侯王腊日,五帝校定生人处所、分野、受禄,降注三
万六千气,其日可谢罪,祈求延年益寿,安定百神,移易名位,回改
名字,沐浴先亡,大醮天官,令人所求如愿,求道必获。此日不可聚
会饮乐,可清静经行山林有坛庭之处,行道存念三魂七魄。不得经
营俗事,值腊月腊日是也。"

秒离叴

燕北杂记:"腊日,戎主带甲戎装,应番汉臣诸司使已上并戎装,五更三点坐朝。动乐饮酒罢,各等第赐御甲、羊马。番呼此节为'秒离叴',汉人译云'秒离'是战,'叴'是时,谓战时也。"

交年节

吕原明岁时杂记云:"十二月二十四日,谓之交年节。"其事又见东京梦华录,他书未见载者。

醉司命

皇朝东京梦华录:"十二月二十四日交年,都人至夜请僧道看经,备香茶酒送神,烧合家替代钱纸。帖灶马于灶上,以酒糟抹涂灶门,谓之'醉司命'。"

诵经咒

岁时杂记:"旧俗以为七祀及百神,每岁十二月二十四日新旧更易,皆焚纸币,诵道佛经咒,以送故迎新,而为禳祈云。"

照虚耗

岁时杂记:"交年之夜,门及床下,以至圊溷,皆燃灯,除夜亦然,谓之'照虚耗'。"

扫屋宇

岁时杂记:"唯交年日,扫屋宇,无忌,不择吉。谚云:'交年日扫屋,不生尘埃。'"

卖备用

东京梦华录:"交年日已后,京师市井,皆买门神①、钟馗、桃符、桃板及财门钝驴、回头鹿马天行帖子②,卖干茄瓠、马牙菜、胶牙饧之类,以备除夜之用。"晁无咎词云:"残腊初雪霁。梅白飘香蕊。依前又还是,迎春时候,大家都备。灶马门神,酒酌醵酥,桃符尽书吉利。　五更催驱傩,爆竹起。虚耗都教退,交年换新岁。长保身荣贵。愿与儿孙、尽老今生,祝寿遐昌,年年共同守岁。"

①皆买门神:"买",东京梦华录卷一〇"十二月"条作"卖",此误。

②回头鹿马天行帖子:"天",同上书作"之",此误。

岁时广记

卷 四 十

岁　除

礼记月令曰:"是月也,日穷于次,月穷于纪,星回于天,数将几终,岁且更始。"是为岁之终也。文选云[①]:"岁季月除,大蜡始节。"故曰岁除,又曰除日、除夕、除夜。

①文选:按,"岁季月除,大蜡始节"二句出晋湛方生七欢,而文选卷三四、卷三五所收"七"体,有枚乘七发、曹植七启、张协七命,并无湛方生之作。今所见湛之七欢,最早见于艺文类聚卷五七杂文部三。

有司傩

论语疏:"傩,逐疫鬼也。为阴阳之气不节[①],疠鬼随而作祸,故天子使方相氏黄金为四目,熊皮为帽,作傩傩之声,以驱疫鬼。一年三遍为之,故月令季春'命国傩',季秋'天子乃傩',季冬'命有司,大傩旁磔',注云:'此月有疠鬼,将随强阴出害人。故旁磔于四

方之门。磔，禳也。'"东坡和子由除日见寄云："府卒来驱傩，矍铄
惊远客。愁来岂有魔，烦汝为禳磔。"

①为阴阳之气不节："不节"，论语集解义疏（魏何晏解、梁皇侃
疏）卷五"乡人傩"何晏解作"不即时退疫鬼"。

乡人傩

论语乡党："乡人傩，朝服而立于阼阶。"晦庵注云："傩，所以逐
疫，周礼方相氏掌之。傩虽古礼而近于戏，亦必朝服而临之者，无
所不用其诚敬也。或曰恐其惊先祖五祀之神，欲其依己而安也。"

逐除傩

吕氏春秋季冬纪注曰："前岁一日，击鼓驱疫疠之鬼，谓之逐
除，亦曰傩。"李绰秦中岁时记云："岁除日傩，皆作鬼神状，二老人
名为傩翁、傩母。"东坡诗云："爆竹惊邻鬼，驱傩聚小儿。"又古词
云："万户与千门，驱傩鼎沸。"

驱鬼傩

礼纬云："高阳氏有三子，生而亡，去为疫鬼。一居江水，是为
疟。一居若水，为罔两蜮鬼。一居人宫室区隅中，善惊人小儿。于
是以正岁十二月，命礼官时傩，以索室中而驱疫鬼也。"月令章句
曰："日行北方之宿，北方大阴，恐为所抑，故命有司大傩，所以扶阳

抑阴也。"韩文公诗云:"屑屑水帝魂,谢谢无馀辉。如何不肖子,尚奋疟鬼威。"又张衡东京赋云:"卒岁大傩,驱除群疠。"注云:"傩,逐疫疠也。岁终之日谓之清凉室①。"

①岁终之日谓之清凉室:文选注作"岁终之日为之,以清京室",此误。按,文选张平子东京赋:"尔乃卒岁大傩,驱除群疠。"张铣注:"岁终之日为之,以清京室也。"

埋祟傩

皇朝东京梦华录:"除日,禁中呈大傩仪,并用皇城亲事官。诸班直戴假面,绣画色衣,执金枪龙旗。教坊使孟景初,身品魁伟,擐全副金镀铜甲,装将军。用镇殿将军二人,并介胄,装门神。教坊南河炭,丑恶魁肥,作判官。又装钟馗小妹、土地、灶神之类,共千馀人。自禁中驱祟出南薰门外,转龙湾,谓之'埋祟'而罢。"

送疫傩

后汉礼仪志:"先腊一日,大傩,谓之逐疫。其仪,选中黄门子弟,十岁以上,十二以下,百二十人为侲子,皆赤帻皂制,执大鼗。方相氏黄金四目,蒙熊皮,玄衣朱裳,执戈扬盾。作十二兽,裳衣毛角。中黄门行人①,冗从仆射将之,以逐恶鬼于禁中。夜漏上水,朝臣会,侍中、尚书、御史、谒者、虎贲、羽林郎将执事,皆赤帻陛卫。乘舆御前殿。黄门令奏曰:'侲子备,请逐疫。'于是中黄门倡,侲子和,曰:'甲作食凶,胇胃食虎,雄伯食魅,腾简食不祥,揽诸食咎,伯奇食梦,强梁、祖明共食磔死寄生,委随食观,错断食巨,穷奇、腾根共食蛊。凡使十二神,追恶凶,赫女躯,拉女干,节解女肉,抽女肺肠。女不急去,后者为粮!'因作方相与十二兽舞。嚾呼,周遍前后省三过,持炬火,送疫出端门。门外驺骑传炬出宫,司马阙门,门外五营骑士传火弃雒水中。"东京赋曰:"煌火驰而星流,逐赤疫于四裔。"注云:"卫士千人在端门外,五营千骑在卫士外,为三部,更送至雒水,凡三辈,逐鬼投雒水中,仍上天池,绝其桥梁,使不复渡还。"

①中黄门行人:"行人",续汉书礼仪志中作"行之",此误。

殿前傩

乐府杂录:"驱傩,用方相氏四人,戴冠及面具,黄金为四目,衣熊裘,执戈扬盾,口作傩傩之声,以逐除也。侲子,五百小儿为之,朱褶,青襦,面具。晦日,于紫宸殿前傩,张宫悬乐。"

大内傩

南部新书:"岁除日,太常卿领官属乐吏,护童侲子千人,晚入内。至夜,于寝殿前傩。燃蜡具,燎沉檀,荧煌如昼。上与亲王妃子以下观之。其夕,赏赐最厚。"王建宫词云:"金吾除夜进傩名,画袴朱衣四队行。院院烧灯如白日,沉香火底坐吹笙。"

梦钟馗

唐逸史："明皇开元讲武骊山，翠华还宫，上不悦，因痁疾作。昼寝，梦一小儿，衣绛犊鼻，跣一足，履一足，腰悬一履，搢一筊扇，盗太真绣香囊及上玉笛，绕殿奔戏上前。上叱问之，小鬼奏曰：'臣乃虚耗也。'上曰：'未闻虚耗之名。'小鬼奏曰：'虚者，望空虚中，盗人物如戏。耗即耗人家喜事成忧。'上欲怒，呼武士[1]。俄见一大鬼，顶破帽，衣蓝袍，系角带，靴朝靴，径捉小鬼，先刳其目，然后擘而啖之。上问大者：'尔何人也？'奏云：'臣终南山进士钟馗也。因武德年中应举不捷，羞归故里，触殿阶而死，是时奉旨赐绿袍以葬之，感恩发誓，与我王除天下虚耗妖孽之事。'言讫，梦觉，痁疾顿瘳。乃诏画工吴道子曰：'试与朕如梦图之。'道子奉旨，恍若有睹，立笔图就进呈。上视久之，抚几曰：'是卿与朕同梦尔。'赐以百金。"

①上欲怒呼武士：古今事文类聚前集卷六引唐逸史作"上怒，欲呼武士"，此误。

画钟馗

野人闲话："昔吴道子所画一钟馗，衣蓝衫，鞹一足，眇一目，腰一笏，巾裹而蓬鬓垂发，左手捉一鬼，以右手第二指挑鬼眼睛，笔迹遒劲，实有唐之神妙。收得者将献伪蜀主，甚爱之，常悬于内寝。一日，召黄筌令看之，一见，称其绝妙。谢恩讫，昶谓曰：'此钟馗若拇指掐鬼眼睛，则更较有力。试为我改之。'筌请归私第，数日看之不足。别张绢素，画一钟馗，以拇指掐鬼眼睛。并吴本并进纳讫，昶问曰：'比令卿改之，何为别画？'筌曰：'吴道子所画钟馗，一身之力，气色眼貌，俱在第二指，不在拇指，所以不敢辄改。筌今所画，虽不及古人，而一身之力、气思并在拇指。'昶甚悦，赏筌之能，遂以彩缎银器旌其别识。"

赐钟馗

岁时杂记："旧传唐明皇不豫，梦鬼物，其名曰钟馗。既寤，遂安，令家家图画其形象于门壁。禁中每岁前，赐二府各一帧。又或作钟馗小妹之形，皆为捕魑魅之状，或役使鬼物。"又云："钟馗、门神、桃符、桃板诸物，皆候家祭毕设之，恐惊祖先也。"

原钟馗

笔谈："今人岁首，设钟馗辟邪，不知起自何代。皇祐中，金陵发一冢，得碑，乃宋宗悫母郑夫人墓志，载有妹名钟馗，乃知钟馗之设远矣。"

辨钟馗

遁斋闲览："北史：尧暄，本名钟葵，字辟邪，生于魏。道武时人有于劲者，亦字钟馗。以世数考之，暄又居前，则知不特起于宋也。然'馗'与'葵'二字不同，必传写之有误也。"

写桃符

古今诗话：“伪蜀每岁除日，诸宫门各给桃符，书‘元’、‘亨’、‘利’、‘贞’四字。时昶子善书札，取本宫策勋府桃符书云：‘天垂馀庆，地接长春’。乾德中，伐蜀。明年，蜀降。二月，以兵部侍郎吕馀庆知军府事，以策勋府为治所，太祖圣节号长春，此‘天垂’、‘地接’之兆。”又杨文公谈苑云：“辛寅逊仕伪蜀孟昶为学士，王师将攻伐之前岁，昶令学士作两句写桃符，寅逊题曰：‘新年纳馀庆，嘉节号长春。’明年，蜀亡，吕馀庆以参知政事知益州，长春乃太祖诞圣节名也。”

戏藏钩

荆楚岁时记：“岁前，又为藏钩之戏。”辛氏三秦记曰：“始于钩弋夫人。”按，钩弋夫人姓赵，为汉武帝婕好，生昭帝。汉武故事云：“上巡狩河间，见青气自地属天，望气者云下有贵子。上求之，见一女子在空室中，姿色殊绝。两手皆拳，数百人擘之莫舒，上自披即舒。号拳夫人，即钩弋也。后人见其手拳而有国色，故因之而为藏钩之戏。”李商隐诗云：“楚妃交荐枕，汉后共藏阄。”周美成除夜立春云：“裁幡小废藏钩戏，生菜仍□宿岁□。”

为藏彄

风土记：“腊日以后，叟姁各随其侪为藏彄。分为二曹，以较胜负。"司马温公诗云："藏阄新度腊，习舞竞裁衣。"又藏彄诗云："不知藏在何人手，却向尊前斗弄拳。""阄"、"彄"、"钩"并居侯切。三字皆有理，原其所本，则"钩"字为胜。

设火山

纪闻："唐贞观初，天下乂安，百姓富赡。时属除夜，太宗盛饰宫掖，明设灯烛，殿内诸房，莫不绮丽，盛奏歌乐，乃延萧后观之。乐阕，帝谓萧后曰：'朕施设孰愈隋主？'萧后笑而答曰：'彼乃亡国之君，陛下开基之主，奢俭之事，固不同年。'帝曰：'隋主何如？'萧后曰：'隋主享国十有馀年，妾常侍从，见其淫侈。每二除夜，殿前诸院，设火山数十，尽沉香木根也。每夜山皆焚沉香数车，火光暗则以甲煎沃之，焰起数丈。沉香、甲煎之香，傍闻数十里。一夜之中，用沉香二百馀乘，甲煎过二百石。'"欧阳公诗云："隋宫守夜沉香火，楚俗驱神爆竹声。"又李易安元旦词云："瑞脑烟残，沉香火冷。"

悬宝珠

续世说云："隋主每二除夜，殿内房中，不燃膏火，中悬珠一百二十以照之，光比白日，尽明月宝夜光珠也。大者六七寸，小者犹三寸。一珠之价，直数千万也。"干宝搜神记云："隋侯尝见大蛇被伤而救之，后含珠以报。其珠径寸，纯白，夜有光明，如月之照一堂。"隋侯珠，一名明月珠。杜甫诗云："自得隋珠觉夜明。"

燎爆竹

　　李畋 该闻集:"爆竹辟妖。邻人有仲叟,家为山魈所祟,掷瓦石,开户牖,不自安。叟求祷之,以佛经报谢,而妖祟弥盛。畋谓叟曰:'公且夜于庭落中,若除夕爆竹数十竿。'叟然其言,爆竹至晓,寂然安帖,遂止。"

照水灯

　　金门岁节:"洛阳人家,除夜则以铜刀刻门,埋小儿砚,点水盆灯。"

添商陆

　　提要录:"裴度除夜叹老,殆晓不寐①,户中商陆火凡数添也②。"

　　①殆晓不寐:"殆",云仙杂记卷五引金门岁节作"迨",此误。
　　②户中商陆火凡数添也:"户",同上书作"炉",此误。

作蕡烛

　　岁时杂记:"除夕,作蕡烛,以麻粞浓油如庭燎,守倅监司厅皆公库供之。冬除夜亦然。"

烧骨骺

岁华纪丽:"除夜,烧骨骺,为熙庭助阳气。"又四时纂要云:"除夜,积柴于庭,燎火辟灾。"

燃皂角

岁时杂记:"除夜,空房中集众燃皂角,令烟不出,眼泪出为限,亦辟疫气。"

焚废药

岁时杂记:"除日,集家中不用之药,焚之中庭,以辟瘟疫之气。"

埋大石

荆楚岁时记:"十二月暮日,掘宅四角,各埋一大石为镇宅。"又鸿宝毕万术云①:"埋圆石于宅四隅,捶桃核七枚,则鬼无能殃也。"

①鸿宝毕万术:按,太平御览卷五一引此作"万毕术",而其上条引淮南子,则所谓"万毕术",亦即"淮南万毕术",淮南子又名淮南鸿烈,是知"鸿宝"当是"鸿烈"之误。

卖白饧

岁时杂记："胶牙饧形制不一，其甚华者，云胶之使齿牢。东京潘楼下从岁前卖此等物，至除夜，殆不通车马。"

投豆麦

龙鱼河图："岁暮，夕五更，取二七豆、麦子，家人发少许，同著井中，咒敕井，使其家竟年不遭伤寒，辟五方疫鬼。一云用麻子、小豆各二七粒。"

卧井傍

养生论："岁暮，令人持椒卧于井傍，候夜静，内椒井中，以压邪气也。"

为面具

岁时杂记："除日作面具，或作鬼神，或作儿女形，或施于门楣。驱傩者以蔽其面，或小儿以为戏。"

动鼓乐

岁时杂记："冬至、岁旦前一夜，大作鼓乐于宿倅厅。自初夜至五鼓,其声不绝。”

宜嫁娶

琐碎录:“北方人嫁娶,只岁除日牛羊入圈时入宅。”

祭诗章

金门岁节:“贾岛常以岁除,取一年所得诗,祭以酒食,曰:‘劳吾精神,以是补之。’”

添聪明

琐碎录:“北人年夜五更,以葱击小儿头,谓之添聪明。”

作锻磨

僧圆逸记:“都下寺院,每用岁除锻磨,是日作锻磨斋。”

修斋戒

四时纂要:“十二月晦日前两日,通晦三日,斋戒烧香静念,仙家重之。”

宜整摄

岁时杂记:"僧家以腊月三十日譬临终一念,不可不整摄也。"

示大众

松庵语录:"长沙北禅贤和尚岁除示众云:'今夜无可供养大众,待烹个露地白牛,与诸人分岁。'举犹未了,有僧出云:'今官中追呼和尚,不合私剥耕牛,兼索皮角。'贤将下头袖①,僧拾取归众。松庵云:'此禅可谓孝顺,翻成骨董。含饭还觉面肿,一物未到口边,先被傍人唧侬。'"

①贤将下头袖:"将",锦绣万花谷前集卷四引松庵语录作"捋",此误。

参吉辰

岁时杂记:"世俗以岁除为乱岁,百无所忌,冠婚沐浴,皆用此日。然于阴阳家都无所出,须参取吉辰用之。"

忌短日

阴阳书:"癸亥日为日短,晦日为月短,除日为年短,最不宜用事,谓之三短日。"

浴残年

岁时杂记:"在京寺观,以除日,多燂汤馔食,以召宾客,谓之浴残年。"

计有馀

岁时杂记:"凡治己治人,至除日,当自观察,以计岁之有馀。"

馈晚岁

东坡文[1]:"岁晚相与馈问,为馈岁;酒食相[2],呼为别岁;至除夜,达旦不寐,为守岁。蜀之风俗如是。"子瞻作记岁暮乡俗三首,其一馈岁,其二别岁,其三守岁,子由亦次韵焉。

[1]东坡文:"文"字未当,此乃诗之题目,属古今体诗四十六首之一,见苏轼诗集卷四。

[2]酒食相:同上书句后有"邀"字。

祝长命

岁时杂记:"痴儿騃女,多达旦不寐。俗语云:'守冬爷长命,守岁娘长命。'"

守岁夜

皇朝东京梦华录："除夜,禁中爆竹山呼声闻于外。士庶之家,围炉团坐,达旦不寐,谓之守岁。又有宵夜果子。"古词云:"兽炭共围,通宵不寐,守尽残更待春至。"

迎新年

荆楚岁时记："岁暮,家家具肴蔌,谓宿岁之储,以迎新年。相聚酣饮,留宿岁饭,至新年则弃之街衢,以为去故纳新也。"唐太宗守岁诗云:"暮景斜芳殿,年华绮丽宫。寒辞去冬雪,暖带入春风。阶馥舒梅素,盘花卷烛红。共欢新故岁,迎送一宵中。"又除日太原召侍臣赐宴守岁诗云:"四时运灰琯,一夕变冬春。送寒馀雪尽,迎岁早梅新。"

岁时广记

末卷

总　载

寅午戌月

坦庵拜命历:"今人不用正、五、九月,访彼名流,稽诸故实,皆无所据。愚常论之:正、五、九月,斗建寅、午、戌,属火。臣为商,商为金,火能制金,是以忌之。本朝以火德王天下,火生在寅,旺在午,墓在戌,应公家事并作商音,商属金,败于午,衰于戌,绝于寅,以绝败衰耗之金,岂敢犯生旺墓金之火? 又况君臣自有定分,故不用也。弹冠必用,亦以此三月为兀月。坛经云:"正月上旬与九月下旬,吉。往贤本旨以正月上旬,火力犹微,九月下旬,火力已减,故不曰凶,或得吉日时辰。此不足执,惟金曹避之尤紧。"

正五九月

容斋随笔:"释氏一说正、五、九月,天帝释以大宝镜,轮照四天下,寅、午、戌月正临南赡部洲,故奉佛者皆茹素以徼福。官司谓之'断月',故受驿券有所谓羊肉者,则不支。俗谓之'恶月',士大夫赴官者,辄避之。或谓唐日藩镇莅事,必大享军,屠杀羊豕至多,故不欲以其月上事,今之他官,不当尔。然此说亦无所经见。予读晋书礼志,穆帝纳后,欲用九月,九月是'忌月'。北齐书云高洋谋篡魏,其臣宋景业言:'宜以仲夏受禅。'或曰:'五日不可入官[①],犯之,终于其位。'景业曰:'王为天子,无复下期,岂得不终于其位乎?'乃知此忌相承,由来久矣,竟不能晓其义及出何经典也。"

①五日不可入官:"日",容斋随笔卷一六"三长月"条作"月",此误。

避三长月

艺苑雌黄:"唐武德二年正月,诏:'自今正月、五月、九月,不行死刑,禁屠杀。'予尝考之,此盖本于浮屠氏之教,所谓'年三长斋'是也。释氏智论云:'天帝释以大宝镜,照四大神州,每月一移,察人善恶,正、五、九月照南赡部洲,故以此月省刑修善,断狱律。'诸立春以后、秋分以前决死刑者,徒一年。其所犯虽不待时,若于断屠月及禁杀日而决者,各杖六十。疏义云:'断屠月谓正月、五月、九月。'盖唐时始以此著之令式,正、五、九月断屠。即有闰月,各同正月,亦不得奏决死刑。今人泥此,名'三长月',如之官赴任之类,一切皆避是月,未知此何理也。"

用前半月

琐碎录:"京师贵家用事,多在上旬,门户吉庆,和合兴旺。逐月初五日,月生魄。干事随天地之气,请宾客和合,多在月半之前。若月望后,气候渐弱,全不中用。朝廷拜相,亦用上旬。"

五不祥日

遁斋闲览:"每月初四日、初七日、十六日、十九日,为'四不祥日'。林复之言:'上官用此日,鲜有善罢。'屈指凡八九人如此。又方君云:'初四日,辰虽佳,亦不可上官。若更值丁日,尤不佳,有亲必忧去。'又法有增二十八日,谓'五不祥',大忌上官。其日虽不犯兀,纵得吉辰,亦不宜用。"欧阳参政记事云:"犯此日者,多不终任,应上官、嫁娶必参差。"沈存中笔谈云:"常历数亲知犯此日,皆不得善脱。"

十恶大败

提要录:"日之'十恶大败',自古名之,旧矣。今佛书大藏元黄经中所谓'十恶大败',始与常之所谓不同,乃以甲已年三月戊戌日、七月己亥日、十月丙申日、十一月丁酉日,乙庚年四月壬申日、九月乙未日,丙辛年三月辛未日、九月庚辰日、十月甲辰日,戊癸年六月己丑日,除丁壬年中无日外,前之八年内,遇此十日者,乃十恶大败日,用之百事不宜,切须避忌。"

诸家兀日

遁斋闲览："仕宦多忌，兀日不赴官。人多不晓其义，或云瓦日。然兀日，数家之说不同，最为无据。弹冠必用所载有年兀、月兀、日兀、时兀、大兀、小兀、上兀、下兀，又有大小月兀法、逐月上下兀法、六轮兀别法、传神经兀法、百忌历兀法、通仙六局兀法、演星禽兀法，并详见上官拜命玉历。然今之士夫信用，与万年□□历所载，乃六轮经上下兀日法。其上起正月，阴年巽上起正月并顺行，月上便起初一。若逢闰月，则于本月上起初一。只数六位，震、兑二宫不数，遇巽为上兀，遇坤为下兀。盖兀者，兀陧不安也。瓦者，谓瓦解离散也。"

正误时日

三历撮要："十恶日：'甲辰、乙巳与壬申，丙申、丁酉及庚辰。戊戌、己亥加辛巳，己丑都来十位神。'然则甲寅旬无十恶日，盖'丁亥'误作'丁酉'，'癸巳'误作'己亥'也。又贵人时日：'甲戊庚牛羊，乙巳鼠猴乡。丙丁猪鸡位，壬癸兔蛇藏。六辛逢马虎，此是贵人乡。'何甲、戊、庚三位皆牛羊，而辛独逢马、虎？亦世传讹耳。或以为甲、戊见牛、羊，而辛独逢马，识者鉴诸。"

甲子占雨

朝野金载："春雨甲子，赤地千里。夏雨甲子，乘船入市。秋雨甲子,禾头生耳。冬雨甲子,飞雪万里①。"一云:"双日甲子,□□少应。"唐俚语云"禾头生耳",盖禾粟无生耳者,禾头□□□□是也。杜甫诗云:"禾头生耳黍穗黑。"

①飞雪万里:朝野佥载作"鹊巢下地,其年大水",古今事文类聚前集卷五引朝野佥载作"牛羊冻死"。按,朝野佥载卷一:"长安二年九月一日,太阳蚀尽,默啜贼到并州。至十五日夜,月蚀尽,贼并退尽。俗谚曰:'枣子塞鼻孔,悬楼阁却种。'又云:'蝉鸣蛞蝓唤,黍种糕糜断。'又谚云:'春雨甲子,赤地千里。夏雨甲子,乘船入市。秋雨甲子,禾头生耳。冬雨甲子,鹊巢下地,其年大水。'"

甲申占雨

占书:"凡甲申雨,五谷贵。大雨大贵,小雨小贵。若沟渎涨满,急聚五谷。甲申至己丑风雨,籴贵,主六十日。"

庚寅占雨

占书:"凡庚寅至癸巳风雨,皆主籴折,以入地五寸为候。五月为麦,六月为黍,七月为粟,八月为菽麦,九月为谷,皆以此则之。假令五月雨庚寅,即麦折钱,他月仿此。"

甲寅占雨

占书:"春三月雨甲寅、乙卯,夏谷贵一倍。夏雨丙寅、丁卯,秋谷贵一倍。秋雨庚寅、辛卯，冬谷贵一倍。冬雨壬寅、癸卯，春谷贵一倍。"

沐浴避忌

西山记："沐旬浴五，夫五则五气流传，浴之荣卫通畅；旬则数满复还，真气在脑，沐之则耳目聪明。若频浴者，血凝而气散，虽肌体光泽，久而损气能成瘫痪之疾者，气不胜血，神不胜形也。若频沐者，气壅于脑，滞于中，令人体重形疲，久而经络不能通畅。"老君实录云："诵加句天童经咒水沐浴，百病皆愈。"

房室避忌

修真秘诀："四时八节，弦望晦朔，本命之日，魁罡值日。六甲日，六丁日，甲子日，庚申日，子卯日，为天地交会之辰，特忌会合，违者减年夺算。"又庚申论云："五月五日、六日、七日、十五日、十六日、十七日、廿五日、廿六日、廿七日为九毒日，切宜斋戒，尤忌色欲，犯之减寿。一云是日宜别寝，犯之三年致卒。"

早暮谨戒

黄帝杂忌："一日之忌，暮无饱食。一月之忌，暮无大醉。一岁之忌，暮无远行。终身之忌，暮无燃烛行房。"又仙经云："一日之忌，暮无饱食。一月之忌，暮无远行。终身之忌，暮常护气。"又道林曰："晦日不歌,朔日不哭。"

鞯鞁应时

马痴记："王武子好马,非马不行。正旦则柳叶金障泥,上元则满月鞯,清明则剪水鞭,重午则笼娇鞁,八月中秋则玉满璁络头,重阳则蝉儿鞯,春秋社则涂金鞁,冬至则嘶风鞯,除日则药玉鞁。每节日,则喂马以明砂豆、蔷薇草。"

北人打围

使辽录："北人打围,一岁间各有所处。正月钓鱼海上,于水底钓大鱼。二月、三月放鹘,号海东青,打雁。四月、五月打麋鹿。六月、七月于凉处坐夏。八月、九月打虎豹之类。自此直至岁终,如南人趁时耕种也。"

龟兹戏乐

酉阳杂俎："龟兹,元日,斗羊马驼,为戏七日,观胜负,以占一年羊马减耗繁息也","婆逻遮,并服狗头、猴面,男女无昼夜歌舞。八月十五日,行像及透索为戏","焉耆,元日、二月八日,婆摩遮。三日,野祀。四月十五日,游林。五月五日,弥勒下生。七月七日,祀先祖。九月九日,床撒。十月十日,王为厌法。王出首领家,首领骑王马,一日一夜,处分王事。十月十四日,每日作乐,至岁穷",

"拔汗那,十二月十九日①,王及首领,分为两朋,各出一人着甲,众人执瓦石棒杖,东西互击,甲人先死即止,以占当年丰俭。"

①十二月十九日:本书卷七"占丰歉"条引酉阳杂俎作"十二月及元旦",与今本酉阳杂俎卷四境异同。

附录一　书目著录与版本题跋

明　晁瑮　宝文堂书目

岁时广记四卷

　　宋陈元靓撰。(类书类)

明　徐𤊹　红雨楼书目

岁时广记四卷

　　宋陈元靓撰。(卷一经部礼类)

明　黄虞稷　千顷堂书目

陈元靓岁时广记四卷(卷九时令类)

清　永瑢等　四库全书总目

岁时广记四卷

宋陈元靓撰。元靓,不知其里贯,自署曰广寒仙裔,而刘纯作后序,称为"隐君子",其始末亦未详言,莫之考也。书前又有知无为军巢县事朱鉴序一篇,鉴乃朱子之孙,即尝辑诗传遗说者,后仕至湖广总领。元靓与之相识,则理宗时人矣。其书宋志不著录,惟见于钱曾读书敏求记,称前列图说,分四时为四卷。今此本乃曹溶学海类编所载,卷首并无图说,盖传钞者佚之。

书中摭月令、孝经纬、三统历诸书为纲,而以杂书所记关于节序者,按月分隶,凡春令四十六条,夏令五十条,秋令三十二条,冬令三十八条。大抵为启劄应用而设,故于稗官说部多所征据,而尔雅、淮南诸书所载足资考证者,反多遗阙,未可以称善本。特其于所引典故,尚皆备录原文,详记所出,未失前人遗意,与后来类书随意删窜者不同,故并录存之,以备参考焉。(卷六七史部时令类)

清　永瑢等　四库全书简明目录

岁时广记四卷

宋陈元靓撰。分四时为四卷,杂引诸书所记关于节序者,案月分隶。据钱曾读书敏求记,卷前有图说,此本已佚之矣。(卷七史部时令类)

李裕民　四库提要订误

岁时广记

提要:宋陈元靓撰。元靓,不知其里贯,自署曰广寒仙裔,而刘纯作后序,称为"隐君子",其始末亦未详言,莫之考也。书前又有知无为军巢县事朱鉴序一篇,鉴乃朱子之孙……元靓与之相识,则理宗时人矣。

按:此本不全,原本共四十二卷,十万卷楼丛书据天一阁藏抄本传录,仅缺第六卷,又卷五缺十五行,卷三七缺十七行。陆心源曰:"广寒先生姓陈氏,不知其名,福建崇安人,陈希夷弟子。后尸解,墓在建阳县三桂里水东源……子逊,绍圣四年进士,官至侍郎,尝构亭于墓所,名曰望考。后朱子尝居其址,故学者又称考亭先生。元靓,盖逊之裔也。"此书前有文林郎、新得行在太平惠民和剂局监门、道山居士刘纯君锡序。闽中理学渊源考卷六:"刘纯字君锡,建阳人。少年喜骑射,以父荫授沙县簿……秩满,丞分宜……继入京监和剂门。绍定己丑,闽寇晏头陀等啸聚汀郡……陷剑南,犯建宁,纯适调湖北帐干,闻贼迫近乡里,即归散家财,招唐石义勇千人讨之……后……死之。"晏头陀即晏梦彪,绍定二年(1229)十二月造反,四年(1230)二月平(刘克庄后村大全集卷一四六忠肃陈观文神道碑)。刘纯在绍定二年之前调湖北帐干,监和剂局又在其前,以任职三年计,当在宝庆二年(1226)至绍定元年(1228)间,"新和剂局监门",应在宝庆二年,本书之成亦当在是年。又此书所引最晚为嘉泰事类,全名为嘉泰条法事类,谢深甫撰。嘉泰二年(1202)表上(直斋书录解题卷七)。据此,此书始作之年必在嘉泰二年之后。

提要又曰:其书……大抵为启劄应用而设,故于稗官说部多所征据,而尔雅、淮南诸书所载足资考证者,反多遗阙,未可以称善本。

按:大量征引说部书正是此书优点所在。此书所引颇多佚书,如王直方诗话、古今诗话、漫叟诗话、蔡宽夫诗话、艺苑雌黄,均可补宋诗话辑佚之不足。此外,又有广德神异录、杨文公谈苑、翰府名谈,史部书如唐实录、宋略、燕北杂记、高氏小史、国朝事始、豫章记、陈留志、闽川名士传、嘉泰事类、荆楚岁时记,子部书如沈括的灵苑方、三历撮要等均有重要研究价值。(卷二)

藏园批注读书敏求记校证(〔清〕钱曾撰
管廷芬、章钰校证 傅增湘批注)

陈元靓岁时广记四卷

首列图说,分四时为四卷。诸书之有涉于节序者,搜讨殆遍,亦可入之小类家。(〔补〕沈钞本"家"作"书"。)元靓,南宋人,自称广寒仙裔。(钰案:陆心源云元靓仕履无考,当为福建崇安人,广寒先生之裔。广寒先生名字亦无考,墓在崇安。其子名逊,绍圣四年进士。元靓必逊之裔。又有永乐刻本事林广记前集二卷,题西颍陈元靓编,见仪顾堂续跋。)朱鉴(钰案:鉴为朱子之孙,见四库提要。)、刘纯(刊本作"沌",今从吴校。〔补〕题词本、阮本均作"纯"。)为之序。(钰案:四库本卷数与此记同,善本志有明胡文焕刊本,皕宋楼有四十卷本,刊入十万卷楼丛书。又案:开有益志云:"向得岁时广记五卷,图说为首卷,四时分四卷,为龚半仙藏书。证以敏求记,以为足本。今至范氏天一阁得四十二卷本,首图说一卷,春夏秋冬四卷,自元旦至除夕三十六卷,末总载一卷,始为完书,乃钞而藏之。")(卷二之中)

傅增湘　藏园订补郘亭知见传本书目

岁时广记四卷

宋陈元靓撰。○学海类编本有图说一卷,格致丛书本二十图全。○路小洲有旧钞本,完全无缺。○天一阁有四十二卷足本。

[补]岁时广记四十二卷

宋陈元靓撰。○清刘喜海嘉荫簃写本,十行二十五字,阑外有"东武刘燕庭氏校钞"一行。刘氏手跋云:"自天一阁本录出,为本书四十卷,首一卷,末一卷,缺卷第五。"(卷五上)

傅增湘　藏园群书经眼录

岁时广记四十二卷

宋陈元靓撰。清刘喜海嘉荫簃写本,十行二十五字,阑外有"东武刘燕庭氏校钞"一行。刘氏手题从四明范氏天一阁钞本过录。缺第五卷,第六卷亦缺首叶,自"屠苏散"起。十万卷楼陆氏刊本乃言缺第六卷,何也?(卷六)

北京(国家)图书馆古籍善本书目

岁时广记四卷首一卷

宋陈元靓撰　明刻本　二册　十四行二十三字白口四周单边

岁时广记四十卷首一卷末一卷　　存四十一卷　一至四　六至四十首末

宋陈元靓撰　清刘氏嘉荫簃抄本　刘喜海跋　四册　十行二十五字白口四周单边

岁时广记四十卷首一卷末一卷　　存四十一卷　一至四　六至四十首末

宋陈元靓撰　清咸丰六年胡氏琳琅秘室抄本　胡珽、徐绍乾校并跋　八册　十二行二十二字无格

岁时广记四卷图说一卷

宋陈元靓撰　清抄本　一册　八行十八字白口四周双边（史部时令类）

中国古籍善本书目

岁时广记四卷首一卷

宋陈元靓撰　明刻本

岁时广记四卷首一卷

宋陈元靓撰　清王氏十万卷楼抄本　清丁丙跋

岁时广记四卷首一卷

宋陈元靓撰　清抄本

岁时广记四十卷首一卷末一卷　　存四十一卷　一至四　六至四十首末

宋陈元靓撰　明抄本

岁时广记四十卷首一卷末一卷　　存四十一卷　一至四　六至四十首末

宋陈元靓撰　清刘氏嘉荫簃抄本清刘喜海跋

岁时广记四十卷首一卷末一卷　　存四十一卷　一至四　六至四

十首末

　　宋陈元靓撰　清咸丰六年胡氏琳琅秘室抄本　胡珽、徐绍乾校并跋(史部时令类)

附录二　本书校勘征引书目

尚书正义,汉孔安国传,唐陆德明音义,唐孔颖达疏,中华书局1980 年影印清阮元校刻十三经注疏本

周礼注疏,汉郑玄注,唐陆德明音义,唐贾公彦疏,同上

礼记正义,汉郑玄注,唐陆德明音义,唐孔颖达疏,同上

春秋左传正义,晋杜预注,唐陆德明音义,唐孔颖达疏,同上

尔雅注疏,晋郭璞注,宋邢昺疏,同上

纬书集成,上海古籍出版社编,上海古籍出版社 1994 年

史记,汉司马迁撰,南朝宋裴骃集解,唐司马贞索隐,唐张守节正义,中华书局点校本

汉书,汉班固撰,唐颜师古注,同上

后汉书,南朝宋范晔撰,唐李贤注

续汉书八志,晋司马彪撰,唐刘昭注,同上

三国志,晋陈寿撰,南朝宋裴松之注,同上

晋书,唐房玄龄等撰,同上

南齐书,梁萧子显撰,同上

北齐书,唐李百药撰,同上

隋书,唐魏征等撰,同上

南史,唐李延寿撰,同上

北史,唐李延寿撰,同上

旧唐书,后晋刘昫等撰,同上

新唐书,宋欧阳修、宋祁撰,同上

新五代史,宋欧阳修撰,同上

十国春秋,清吴任臣撰,徐敏霞、周莹点校,中华书局 1983 年

契丹国志,宋叶隆礼撰,贾敬颜、林荣贵点校,中华书局 2014 年

宋史,元脱脱等撰,中华书局点校本

唐会要,宋王溥撰,上海古籍出版社 2006 年

东都事略,宋王称撰,江苏广陵古籍刻印社 1991 年影印本

唐六典,唐李林甫等撰,陈仲夫点校,中华书局 1992 年

通典,唐杜佑撰,王文锦、王永兴、刘俊文、徐庭云、谢方点校,中华书局 1988 年

文献通考,元马端临撰,中华书局 1986 年

翰苑群书,宋洪迈辑,清鲍廷博辑刻知不足斋丛书本

事物纪原,宋高承撰,中华书局 1985 年版丛书集成初编本

战国策笺证,西汉刘向集录,范祥雍笺证,范邦瑾协校,上海古籍出版社 2006 年

唐国史补,唐李肇撰,上海古籍出版社 1979 年

因话录,唐赵璘撰,上海古籍出版社 1979 年

隋唐嘉话,唐刘𬤇撰,程毅中点校,中华书局 1979 年

朝野佥载,唐张鷟撰,赵守俨点校,同上

酉阳杂俎校笺，唐段成式撰，许逸民校笺，中华书局 2014 年

杨文公谈苑，宋杨亿撰，说郛（宛委山堂）本

春明退朝录，宋宋敏求撰，诚刚点校，中华书局 1980 年

文昌杂录，宋庞元英撰，中华书局 1985 年版丛书集成初编本

渑水燕谈录，宋王闢之撰，吕友仁点校，中华书局 1981 年

宋景文公笔记，宋宋祁撰，中华书局 1985 年版丛书集成初编本

湘山野录续录，宋文莹撰，郑世刚、杨立扬点校，中华书局 1984 年

玉壶清话，同上

侯鲭录，宋赵令畤撰，孔凡礼点校，中华书局 2002 年

容斋随笔，宋洪迈撰，上海古籍出版社 1996 年

孙公谈圃，宋孙公述，刘延世编，上海古籍出版社影印文渊阁四库全书本

挥麈录，宋王明清撰，中华书局 1985 年丛书集成初编本

南部新书溯源笺证，宋钱易撰，梁太济笺证，中西书局 2013 年

东京梦华录注，宋孟元老撰，邓之诚注，中华书局 1982 年

吕氏春秋注疏，汉高诱注，王利器疏，巴蜀书社 2002 年

淮南鸿烈集解，刘文典集解，冯逸、乔华校点，中华书局 1989 年

白虎通疏证，汉班固撰，清陈立疏证，吴则虞点校，中华书局 1994 年

艺文类聚，唐欧阳询撰，汪绍楹校，上海古籍出版社 1982 年

初学记，唐徐坚等撰，中华书局 2004 年

太平御览，宋李昉等撰，中华书局 1960 年

玉海，宋王应麟撰，台湾华文书局影印元后至元三年庆元路儒学刻本

白孔六帖，唐白居易、宋孔传撰，上海古籍出版社影印文渊阁四库全书本

类说校注，宋曾慥撰，王汝涛等校注，福建人民出版社1996年

海录碎事，宋叶廷珪撰，上海古籍出版社影印文渊阁四库全书本

古今事文类聚，宋祝穆撰，上海古籍出版社影印文渊阁四库全书本

锦绣万花谷，宋佚名撰，上海辞书出版社1992年影印明嘉靖刻本

山堂肆考，明彭大翼撰，上海古籍出版社影印文渊阁四库全书本

齐民要术校释，后魏贾思勰撰，缪启愉校释，中国农业出版社1998年

重修政和经史证类备用本草，宋唐慎微撰，宋寇宗奭衍义，金张存惠重修，上海商务印书馆四部丛刊影印本

百菊集谱，宋史铸撰，上海古籍出版社影印文渊阁四库全书本

本草纲目，明李时珍撰，人民卫生出版社1982年

法书要录，唐张彦远撰，武良成、周旭点校，浙江人民美术出版社2012年

抱朴子内篇校释，晋葛洪撰，杨明照校释，中华书局1985年

真诰，南朝梁陶弘景撰，赵益点校，中华书局2011年

云笈七签，宋张君房编，李永晟点校，中华书局2003年

法苑珠林校注，唐释道世撰，周叔迦、苏晋仁校注，中华书局 2003 年

五灯会元，宋普济撰，苏渊雷点校，中华书局 1984 年

续高僧传，唐道宣撰，郭绍林点校，中华书局 2014 年

大宋僧史略，宋赞宁撰，上海古籍出版社影印文渊阁四库全书本

文选，南朝梁萧统撰，唐李善注，中华书局 1974 年影印宋淳熙八年尤袤刻本

六臣注文选，南朝梁萧统撰，唐李善、吕延济、刘良、张铣、吕向、李周翰注，中华书局 1987 年影印四部丛刊本

唐文粹，宋姚铉撰，上海商务印书馆四部丛刊本

文苑英华，宋李昉等撰，中华书局 1982 年

唐百家诗选，宋王安石选，上海古籍出版社影印文渊阁四库全书本

古今岁时杂咏，宋蒲积中编，徐敏霞点校，辽宁教育出版社 1998 年

全唐诗，清彭定求等编，中华书局 1960 年

全宋词，唐圭璋编，中华书局 1980 年

李太白全集，唐李白撰，中华书局 1977 年

九家集注杜诗，宋郭知达编，上海古籍出版社影印文渊阁四库全书本

杜诗详注，唐杜甫撰，清仇兆鳌注，中华书局 1979 年

刘禹锡集，唐刘禹锡撰，卞孝萱校订，中华书局 1999 年

柳宗元集，唐柳宗元撰，中华书局 1982 年

白居易集, 唐白居易撰, 顾学颉点校, 中华书局1979年

元稹集, 唐元稹撰, 冀勤点校, 中华书局1982年

李商隐诗歌集解, 刘学锴、余恕诚集解, 中华书局1988年

樊川文集, 唐杜牧撰, 陈允吉校点, 上海古籍出版社1984年

松陵集, 唐皮日休撰, 上海古籍出版社影印文渊阁四库全书本

林和靖集, 宋林逋撰, 同上

宋景文集, 宋宋祁撰, 同上

宛陵集, 宋梅尧臣撰, 同上

欧阳修全集, 宋欧阳修撰, 李逸安点校, 中华书局2001年

曾巩集, 宋曾巩撰, 陈杏珍、晁继周点校, 中华书局1984年

苏轼诗集, 宋苏轼撰, 孔凡礼点校, 中华书局1982年

苏辙集, 宋苏辙撰, 陈宏天、高秀芳点校, 中华书局1990年

后山诗注补笺, 宋陈师道撰, 宋任渊注, 冒广生补笺, 中华书局1995年

龙云集, 宋刘弇撰, 上海古籍出版社影印文渊阁四库全书本

陈与义集, 宋陈与义撰, 吴书荫点校, 中华书局1982年

屏山集, 宋刘子翚撰, 上海古籍出版社影印文渊阁四库全书本

花草粹编, 明陈耀文辑, 同上

乐章集校注, 宋柳永撰, 薛瑞生校注, 中华书局1994年

傅幹注坡词, 宋苏轼撰傅幹注, 刘尚荣校证, 巴蜀书社1993年

山谷词, 宋黄庭坚撰, 中华书局四部备要本

苕溪渔隐丛话, 宋胡仔撰, 廖德明校点, 人民文学出版社1981年

诗话总龟, 宋阮阅撰, 周本淳校点, 人民文学出版社1987年

能改斋漫录, 宋吴曾撰, 上海古籍出版社1984年

诗人玉屑,宋魏庆之撰,王仲闻点校,中华书局 2007 年

太平广记,宋李昉等撰,中华书局 1981 年

新编分门古今类事,宋委心子撰,金心点校,中华书局 1987 年

西京杂记,旧题晋葛洪撰,周天游校注,三秦出版社 2006 年

博物志校证,晋张华撰,范宁校证,中华书局 1980 年

拾遗记,晋 王嘉撰,南朝 梁 萧绮录,齐治平校注,中华书局 1981 年

异苑,南朝宋刘敬叔撰,范宁校点,中华书局 1996 年

述异记,南朝梁任昉撰,吉林大学出版社 1992 年影印汉魏丛书本

殷芸小说,南朝梁殷芸撰,周楞伽辑注,上海古籍出版社 1984 年

剧谈录,唐康骈撰,明汲古阁刻津逮秘书本

明皇杂录,唐郑处诲撰,田廷柱点校,中华书局 1994 年

开元天宝遗事,五代王仁裕撰,曾贻芬点校,中华书局 2006 年

青琐高议,宋刘斧撰,上海古籍出版社 1983 年

夷坚志,宋洪迈撰,何卓点校,中华书局 1981 年